MANUEL

DU

PÉLERINAGE RÉMOIS

A LOURDES

Nouvelle Edition

REIMS

IMPRIMERIE JEANNE D'ARC

6, Rue de l'Arbalète, 6

1908

MANUEL

du

PÈLERINAGE RÉMOIS

à Notre-Dame de Lourdes

MANUEL

DU

PÈLERINAGE RÉMOIS

A LOURDES

Nouvelle Edition

REIMS

IMPRIMERIE JEANNE D'ARC

6, Rue de l'Arbalète, 6

1908

PRÉFACE

C'est au diocèse de Poitiers que revient l'honneur d'avoir conduit à Lourdes, en 1871, le premier train de pèlerinage. L'année suivante, les RR. PP. Augustins de l'Assomption imitaient l'exemple donné et mettaient en marche le premier train de Paris. Comme le grain de sénevé, l'œuvre prit des développements féconds et rapides ; après trois ou quatre ans, la foule remplissait déjà 6 et 8 trains ; les malades y étaient également nombreux.

Dès l'origine, le diocèse de Reims y fut représenté par quelques pèlerins isolés ; bientôt la propagande s'éveilla et, en 1881, commençait une organisation spéciale avec ce but modeste : grouper les adhésions et adjoindre nos pèlerins, malades ou valides, au pèlerinage national de Paris.

Avec les années les adhérents se multiplièrent.

On exprima bientôt le désir de visiter, pendant le trajet d'aller, d'autres sanctuaires célèbres, chers aux cœurs des Français. Dès lors, une organisation purement locale et libre s'imposait. Ainsi s'explique la résolution prise, en 1894, de réaliser un pèlerinage vraiment diocésain. On adopta le 8 Septembre comme date du pèlerinage, afin de célébrer à Lourdes la fête de la Nativité de Notre-Dame.

Actuellement l'œuvre est diocésaine, indépendante et libre dans le choix de son programme. Depuis l'année 1894, nous avons pu varier l'itinéraire et les stations de pèlerinage. Pendant que le Pèlerinage national s'arrête presque invariablement à Poitiers, nous avons visité Paray-le-Monial (Sacré-Cœur) — Brive (Saint-Antoine) — Bordeaux (N.-D. de la Pitié, Saint-Antoine) — Orléans (Jeanne d'Arc) — Issoudun (N.-D. du Sacré-Cœur). — Tours (Saint-Martin et la Sainte-Face de N.-S. J.-C.) — Rocamadour. — Toulouse et Pibrac (Sainte-Germaine) — Marseille (N.-D. de la Garde) — Lyon et Ars — Chartres — avec la perspective d'autres dévotions pour les années suivantes.

Pourquoi n'est-on pas descendu à Paris pour l'église du Sacré-Cœur de Montmartre ? Avec notre cortège de malades, le problème est plus que difficile. Et puis, Reims n'est qu'à 150 kilomètres de Paris, et, à intervalles assez rapprochés, on organise des pèlerinages réguliers qui permettent à tous de satisfaire leurs désirs.

Nous devons maintenant parler du **Manuel**..... Lorsqu'un touriste voit approcher la date de son départ, il prépare jusqu'aux moindres détails de l'excursion qu'il a projetée. Il feuillette son « Guide », consulte sa carte, prend note des monuments et curiosités dont il y est fait mention, car il estimerait perdre totalement son temps... et son argent, si par défaut d'étude préalable, il se trouvait omettre la visite des sites pittoresques, des souvenirs historiques et de tout ce qui excite l'intérêt.

De même le pèlerin doit prévoir son voyage, mais à un double point de vue. Un pèlerinage étant une démarche pieuse au cours de laquelle l'âme principalement doit parcourir les régions surnaturelles, la préparation qui s'impose consistera surtout dans la prière et dans l'union à Dieu par les sacrements. Un formulaire de méditations, de prières, d'offices et de cantiques devient donc indispensable ; c'est ce à quoi répond notre *Manuel*. Et comme la spiritualité n'est pas ennemie de l'histoire religieuse et nationale ni des beautés physiques semées de toutes parts à travers la création, notre opuscule s'est cru autorisé

à décrire l'itinéraire parcouru, en ajoutant l'indica-
tion des événements accomplis dans chacune des
villes ou bourgades traversées. Le *Manuel* est tout
ensemble un *guide* de voyage, un *guide* de saint
pèlerinage, un *recueil* de cantiques et un *formulaire*
de piété.

On appréciera facilement son importance et son
côté pratique lorsque nous aurons signalé les points
suivants qui le distinguent : notation de toutes les
parties susceptibles d'être chantées, écriture musi-
cale sur portée de 5 lignes, Messe et Vêpres de
l'Apparition notées en entier, collection de plus de
20 cantiques en l'honneur de la Sainte Vierge (très
utile pour le mois de Mai) nombreux avis pour
rendre le voyage facile, prières de la Neuvaine,
emploi de caractères plus gros pour les chants à
exécuter le soir ou en marchant, description som-
maire des pays que l'on traverse, etc.

Enfin, dernier avantage très précieux, un superbe
plan de Lourdes, tiré en quatre couleurs, avec une
légende des églises et monuments et la nomencla-
ture des hôtels principaux.

Pendant le voyage, le **Manuel** contenant les
Louanges à N.-D. de Lourdes se vend au compartiment des *Brancardiers*.

Nous voulions terminer cette introduction, et
voici qu'à propos d'une question qui nous est posée,
nous reconnaissons utile de rectifier ici une erreur
trop propagée. On a souvent répété que des billets
de faveur étaient accordés à certaines personnes
valides, à celles surtout qui s'offrent pour remplir
l'office d'hospitalière ou de brancardier. Rien n'est
plus faux. Tous les billets sans exception doivent
être intégralement payés aux Compagnies de chemins de fer par la Direction. Au moyen d'une
souscription volontaire et proportionnellement au
total de cette souscription, des billets gratuits sont
accordés aux malades pauvres reconnus par le

Comité plus dignes d'intérêts soit à raison de la gravité de leur mal, soit à raison de leurs charges relatives de famille. Mais les SEULS *malades pauvres* sont candidats à cette faveur. Aucune autre place n'est accordée gratuitement. Les brancardiers et les dames hospitalières voyagent à leurs frais personnels.

Puisque nous parlons des malades, — ces riches trésors d'un train de pèlerinage, car ils sont la source de toutes les bénédictions accordées — rappelons sommairement les conditions de leur admission.

Qu'ils soient réellement indigents ;

Que leur maladie n'ait aucun caractère épidémique ou contagieux ;

Les épileptiques ne peuvent être acceptés.

Nous avons dit : *réellement indigents*. Toutefois un malade de condition aisée et à même de supporter tous les frais de voyage pourra être hospitalisé en versant une somme de cent francs. Celui dont les moyens lui permettent de supporter une partie de la dépense recevra la même faveur moyennant une somme de cinquante francs.

Les demandes parvenues les premières ont plus de chances d'être admises.

Les présentations de malades commencent vers le 20 juin. La liste des admissions sera close le 15 Août.

Même pour les hospitalisés, le trajet de leur domicile à Reims demeure entièrement à la charge des malades.

Pièces à produire (sur papier libre)

1. *Lettre de recommandation* donnée par un prêtre, de préférence par M. le Curé de la paroisse.
2. *Certificat du médecin* indiquant la nature et les caractères de la maladie.

3. *Demande écrite du malade* ; s'il est mineur ou trop malade, demande du tuteur ou des parents. — Si la malade est une femme mariée, il faut l'autorisation du mari.

Cher petit *Manuel,* va désormais trouver les appelés de Marie, sois auprès de tous l'Apôtre de Notre-Dame ; que par toi, les cœurs soient touchés, conduits ou ramenés à la Mère de miséricorde et que, par elle, ils soient à jamais consacrés à Jésus !

Notre-Dame de Lourdes, priez pour nous.

MANUEL

DU

PÈLERINAGE RÉMOIS

A NOTRE-DAME DE LOURDES

PREMIÈRE PARTIE

RECOMMANDATIONS GÉNÉRALES

CHAPITRE PREMIER

Conditions d'un bon Pèlerinage

Un pèlerinage est un voyage de dévotion. — Les Pèlerinages à la Grotte de Lourdes dévieraient de leur but et perdraient tout leur mérite si, par notre faute, ils venaient à se transformer en simples excursions de touristes.

La manière dont ils doivent être accomplis nous est indiquée par la Très Sainte Vierge elle-même, dans ces paroles si connues qu'Elle dit à Bernadette : « *Je veux qu'on vienne ici en* **Procession.** » Elle nous est rappelée par le Souverain Pontife dans cette condition qu'il impose, « *de nous livrer à de pieux exercices* **pendant le voyage,** » si nous voulons gagner l'indulgence plénière attachée à la visite de la Basilique ou de la Grotte.

Donc, une **procession** qui chante les louanges

de la miséricorde divine, sur les chemins conduisant au lieu des Apparitions ; un **temps de retraite** consacré à notre renouvellement spirituel et à notre sanctification, tel doit être notre Pèlerinage, si nous voulons qu'il réponde aux intentions de la Mère de Dieu et aux vues de l'Eglise.

C'est à réaliser ce programme, qu'aidera le **Manuel du Pèlerinage.**

But du Pèlerinage. — Nous allons à Lourdes demander notre sanctification personnelle, la conversion des pécheurs, la guérison des malades que nous transportons au prix des plus cruelles souffrances à la Grotte et aux piscines bénies, le triomphe du Roi Jésus dans le monde et particulièrement dans notre chère patrie, la délivrance du Saint Père, la liberté de l'Eglise, le salut de la France.

Tout pèlerinage est un acte de foi et d'expiation. Il exige la prière et le sacrifice ; sans cela il cesse d'être un vrai pèlerinage.

Aussi en approchant de la date du départ nous nous imposerons un surcroît de prières, et, de préférence, nous adopterons celles qui sont indiquées sous le titre *Neuvaine.*

Neuvaine. — Nous recommandons aux malades, à tous les Pèlerins, aux Communautés religieuses et aux pieux fidèles, les deux *Neuvaines* qui se font habituellement à l'occasion du Pèlerinage : la première, qui commence neuf jours avant le départ ; la seconde, qui fait suite à la première et se poursuit pendant toute la durée du voyage. Il est mieux d'adopter les prières indiquées plus loin dans ce **Manuel,** page 27.

Esprit du Pèlerinage. — Nous ne sommes pas des promeneurs mais des Pèlerins. Il faut donc tout d'abord que nous soyons en état de grâce, et par conséquent, que nous fassions une bonne confession, s'il est nécessaire. Il ne doit pas y avoir de péché mortel parmi nous, si nous voulons obtenir les faveurs de la Sainte Vierge.

La piété franche, gaie, mais recueillie, doit présider au Pèlerinage : pas de visages chagrins, pas d'importuns insupportables, pas de dissipation non plus. — Huit jours de pèlerinage, huit jours de retraite : prières, méditations, messes, chants, et le plus souvent possible, la sainte communion. — Nous accepterons joyeusement pour notre Seigneur tous les sacrifices : fatigues, chaleurs du jour, froid de la nuit, nuits passées en voitures, etc. — Le bien commun exige l'obéissance : nous nous y soumettrons sans murmure. — Il faut parfois se gêner un peu pour les autres : si l'on ne songe qu'à soi, on risque de perdre le contentement intérieur et de ne pas recueillir toutes les faveurs du pèlerinage.

CHAPITRE II

Le Départ

Cérémonie de départ. — La veille du départ, ou le jour même au matin, se célèbre, à la Cathédrale ou dans toute autre église qui serait désignée, la cérémonie solennelle appelée du départ.

Chant du *Magnificat*.

Allocution spéciale et avis aux pèlerins. — Salut et Bénédiction du T. S. Sacrement.

Ensuite, bénédiction des insignes de pèlerinage.

Pour terminer, chant de l'*Ave Maria* de Lourdes.

Les insignes ainsi bénits la veille, sont distribués dans les compartiments à chacun des pèlerins, dix minutes avant le départ.

On est prié de ne porter extérieurement aucun signe, croix ou carte de malade, avant le départ de la gare de Reims.

Départ. — Il faut être rendu en gare, les malades une demi-heure et les valides au moins vingt minutes avant l'heure marquée pour le départ.

Billets. — Chaque Pèlerin sera porteur :

1° D'une carte nominative justifiant qu'il appartient au Pèlerinage. Cette carte est de couleur jaune en 3ᵉ classe, couleur verte en 2ᵉ classe, couleur rose en 1ʳᵉ classe. Sur sa présentation, des billets individuels d'aller et retour à prix réduits et valables depuis la veille du départ jusqu'au lendemain du retour, seront délivrés dans les gares du réseau de l'Est aux Pèlerins qui ont des trajets à parcourir pour rejoindre le train spécial à Reims. Ne pas s'en dessaisir puisqu'au retour elle doit encore servir sur la ligne de l'Est. Bien remarquer sur cette carte le numéro ou la lettre du compartiment que chacun doit occuper.

2° D'un billet ou ticket en carton, semblable aux billets des voyages ordinaires et comportant un coupon d'aller et retour. Ne séparer ces coupons qu'en arrivant à Lourdes. Ce billet ne sera distribué aux Pèlerins qu'au départ de Reims : inutile donc de le réclamer plus tôt. (Exceptionnellement il sera envoyé à quelques Pèlerins qui montent en cours de route.)

Un quart d'heure avant le départ de Reims, des enveloppes numérotées et contenant les billets définitifs seront apportées dans chaque compartiment du train spécial. Une personne complaisante du compartiment voudra bien les recevoir et les distribuer. S'il y avait une erreur, prière de la signaler, ou au Contrôleur en cours de route, ou à la Direction au moment des premiers arrêts.

Le billet de pèlerinage est une vraie valeur, dont le Directeur doit compte exact aux Compagnies. Le Pèlerin qui n'aurait plus le sien devrait s'en procurer un autre et le payer de nouveau. Il faudra donc avoir soin de ne point l'oublier chez soi, de ne pas le perdre en route et de ne pas se le laisser voler.

Les billets intacts ont droit au remboursement

mais non s'ils avaient perdu l'un ou l'autre de leurs coupons. — Ils pourront être repris et remboursés par la Direction aux Pèlerins qui seraient empêchés de faire le Pèlerinage.

Les enfants au-dessous de trois ans seront transportés gratuitement, à la condition d'être tenus sur les genoux des personnes qui les accompagnent : au-dessus de cet âge, ils paient comme des adultes, *(Règlement des Compagnies.)*

Compartiments. — Au départ de Reims, des étiquettes portant *REIMS* et un numéro d'ordre pour les troisièmes classes, une lettre pour les compartiments réservés aux malades, une double lettre pour les deuxièmes classes, seront placées à l'extérieur, à droite et à gauche des compartiments. Il est donc facile à chaque Pèlerin de reconnaître le compartiment qu'il doit occuper.

Nul ne doit changer de compartiment sans l'autorisation du Directeur.

Les *places* ne peuvent être ni désignées, ni retenues à l'intérieur du compartiment ; les Pèlerins doivent s'arranger entre eux, et il est à désirer que le plus grand esprit de charité et de bienveillance préside à ces aménagements. On peut, par exemple, convenir d'occuper alternativement les coins.

En wagon. — Les Pèlerins n'ont droit à prendre avec eux que les bagages qui se portent à la main, et qui peuvent se mettre dans les wagons.

Ne pas enlever trop de bagages et ne pas encombrer les compartiments de malles, de caisses, de paniers trop volumineux qu'il deviendrait impossible de glisser sous les bancs ou de suspendre au-dessus.

Les Pèlerins n'ont aucun droit au fourgon.

Pendant la marche du train, il est *rigoureusement* défendu, sous peine de procès, de jeter par les fenêtres des bouteilles vides ou autres objets pouvant blesser les employés. Les Directeurs de groupe déclinent toute responsabilité à ce sujet.

Se garder de dépouiller les jardins des gares.

Installation des malades. — Des compartiments en nombre suffisant sont réservés aux malades hospitalisés ou admis par le Comité. Sauf de rares exceptions, nous ne devons pas les disséminer parmi les Pèlerins valides, lors même que ces derniers seraient leurs amis ou leurs compatriotes.

Brancardiers. — La Direction *seule* désigne les brancardiers qui ont pour mission de transporter les malades. Toutefois, nous faisons appel à la bonne volonté de quelques autres pèlerins valides pour aider au débarquement des malades et à leur installation en voitures.

CHAPITRE III

Le Voyage

Prière. — La prière est la vie du pèlerinage. Qu'elle soit fréquente, sinon constante. Rien ne lui résiste quand elle est humble, persévérante. Pourtant, pas d'exagération. Que chacun suive sa dévotion et ne l'impose pas à son voisin. Celui qui fera toutes les prières marquées au guidon peut être tranquille sur son pèlerinage.

Chants. — Le chant par excellence d'un pèlerinage, c'est le *Credo*. Les autres chants varieront avec les offices et les circonstances. On est prié : 1º de chanter ce qui est indiqué dans l'Itinéraire ou Guidon, sauf à entonner ensuite d'autres chants ; 2º de ne pas chanter *dans les gares* et de n'entonner que lorsque le train est en marche ; 3º de se mettre à la disposition des chefs du Pèlerinage pour organiser les chœurs.

Nous verrions avec plaisir que tout fût chanté *à l'unisson*. Il est fâcheux d'entendre parfois dénaturer le beau cantique *Ave Maria* par des cris assourdissants qui s'obstinent à y accoler une deuxième partie de fort mauvais goût.

Méditation. — Le mot de méditation effraie... Ce n'est pas une raison pour ne pas méditer... Qui est incapable de réfléchir quelques instants sur un sujet sérieux ? Pourquoi donc ne réfléchirait-on pas sur l'intérêt sérieux de l'homme, le salut de son âme, l'amour de Notre-Seigneur, la confiance en Marie, la charité envers nos frères, etc...

Visite au Saint Sacrement. — Autant de clochers, autant de Bethléem ou de Nazareth où Jésus se cache par amour pour nous. Dans chaque compartiment une personne aura la charge de signaler les clochers qui se rencontreront en route. Au signal, les pèlerins visitent en esprit le Très-Saint Sacrement, si souvent délaissé dans les églises de campagne, et le prient pour les habitants du pays. Ils peuvent choisir une des prières suivantes qui se trouvent toutes dans le *Manuel : O Salutaris.* — *Tantum ergo.* — *Venite adoremus.* — *Ave verum.* — *Adorote. Adoremus. Cor Jesu*, etc.

Silence. — L'esprit de prière est ami du silence. Respecter le silence de la nuit. Ceux qui ne dorment pas peuvent méditer et prier, mais qu'ils se gardent de troubler le sommeil de leurs compagnons de route.

CHAPITRE IV
Séjour à Lourdes

§ 1er AVIS PARTICULIERS AUX PRÊTRES

(Extrait des Ordonnances de Mgr l'Evêque de Tarbes concernant le Pèlerinage de N.-D. de Lourdes.)

CONFESSIONS

Article 1er. — Aucun prêtre ne pourra entendre les confessions dans le sanctuaire de N.-D. de

Lourdes sans une permission du Supérieur des Chapelains.

Art. 2. — Les prêtres qui font partie d'un grand Pèlerinage recevront des Chapelains, au nom de Mgr l'Evêque de Tarbes, juridiction pour confesser *seulement* dans les sanctuaires de la Grotte. Cette juridiction est absolument celle que ces prêtres ont dans leur diocèse.

Art. 3. — Ils entendront les confessions à la *Basilique* et à l'*église du Rosaire.*

La Crypte est exclusivement réservée aux Chapelains de N.-D. de Lourdes. Il en est de même des deux confessionaux qui se trouvent à gauche et à droite de la sacristie du Rosaire.

MESSE

Art. 1. — Les prêtres étrangers qui veulent dire la Sainte Messe dans le sanctuaire de N.-D. de Lourdes doivent présenter leur *celebret* à l'un des Chapelains de la Grotte.

N. B. — Sur l'attestation du Directeur ecclésiastique d'un grand Pèlerinage, les prêtres qui en font partie seront dispensés de la présentation du *celebret.* Cette attestation n'a de valeur que pendant la durée de ce Pèlerinage.

Messe votive de l'Apparition et de l'Immaculée Conception. — Tout prêtre venu en pèlerinage, soit isolé, soit collectif, peut dire, dans le sanctuaire de Notre-Dame de Lourdes, la *Messe votive de l'Apparition*, chaque jour. — Et la messe votive de l'Immaculée Conception, une fois, durant le pèlerinage, et chaque samedi.

Ces messes cependant ne peuvent se dire : 1° les jours de fête de 1re et de 2e classe ; — 2° les jours de fête de la Très Sainte Vierge ; — 3° les jours de Vigiles et Octaves privilégiées.

Célébration de la Messe après minuit.
— Par un indult du 26 février 1885, le Saint Père
permet de célébrer la messe au sanctuaire de N.-D.
de Lourdes avant l'aurore, et même immédiatement
après la messe de minuit lorsque la nécessité l'exige,
à la condition d'avoir gardé le jeûne Eucharistique
pendant les quatre heures qui précèdent le S. Sacrifice.

**Mémoire de l'Evêque diocésain au
canon.** — Les noms de baptême de Mgr l'évêque de
Tarbes sont : FRANÇOIS-XAVIER.

Linge d'autel. — A leur arrivée, les prêtres
peuvent se procurer à la sacristie de la Basilique et
du Rosaire le linge d'autel dont ils ont besoin. Ils
gardent ce linge pendant la durée du séjour et le lais-
sent sur les autels à leur départ.

Place dans les Cérémonies. — MM. les
ecclésiastiques se placent toujours dans le chœur de
l'église ou près de la Grotte pendant les cérémonies.
Ils voudront prêter leur concours pour le chant de
tous les offices. Aux processions du Très-Saint-Sacre-
ment, ils se feront un devoir de prendre place au
cortège pour accompagner le dais, un cierge à la
main. De plus il est fait appel à leur dévouement pour
se succéder à la Grotte et aux Piscines dans la direction des prières. Il est grandement désirable que
chacun se munisse de l'habit de chœur.

§ 2. — AVIS GÉNÉRAUX

Assistance aux offices publics. — Les
pèlerins feront tout leur possible pour assister aux
offices et exercices *communs*, dont les heures seront
indiquées pour le cours de chaque journée. L'esprit
de charité et de solidarité dans la prière gagnera tout
particulièrement à cette assiduité.

Ordre des Cérémonies. - L'ordre de nos
cérémonies dépendra du nombre des autres Pèleri-

nages présents ; l'heure et le lieu de chacune ne pourront donc être exactement déterminés que sur place, après entente avec M. le Supérieur des Chapelains, et l'on devra consulter à ce sujet les affiches qui seront posées chaque jour soit près de la porte de la Crypte, soit entre l'église du Rosaire et la grande arcade de droite. D'ailleurs à la fin de chaque office, l'ordre du jour sera donné verbalement en même temps que les avis.

Chaque jour, il y aura messe basse et communion à la Grotte, messe chantée et vêpres à la Basilique ou au Rosaire ; à 4 heures, procession du T.-S.-Sacrement (elle part de la Grotte et va se terminer à l'église du Rosaire) et à 7 heures et demie du soir, procession aux flambeaux.

Nous le répétons, consulter souvent les affiches spéciales au groupe de **Reims**.

Nous espérons obtenir le privilège d'une Adoration nocturne avec messe chantée à minuit dans l'église du Rosaire. La date en sera annoncée en temps utile.

Autant que possible, une demi-journée sera consacrée au pèlerinage en groupe à Bétharram et par train spécial. Eviter de s'y rendre isolément.

Prix des places aller et retour de Lourdes à Bétharram ; 1re classe, 2 fr. 50. — 2e classe, 1 fr. 80. — 3e classe, 1 fr. 20.

La direction se munira à l'avance d'une provision suffisante de billets et les vendra aux Pèlerins dans la matinée du jour du pèlerinage.

Au jour qui sera indiqué, aura lieu également, l'exercice du Chemin de la Croix, en commun, sur la montagne de Lourdes, jusqu'à la *Croix de Jérusalem.* Retour par les grottes de Sainte-Marie-Madeleine (Espélugues).

Temps libre. — Le séjour à Lourdes est un temps de prières. Employons de notre mieux tous les moments libres en demeurant près de la grotte et des piscines. La prière en commun obtient des merveilles.

Rien ne fait du bien comme la récitation et la méditation du Rosaire.

N'ayons point de respect humain. Baiser la terre, prier avec recueillement et les bras en croix sont de saintes pratiques que Dieu bénit.

Indulgences à gagner. — Toutes sont applicables aux âmes du Purgatoire). — Par rescrit du 21 juin 1884, Notre Très Saint Père le Pape accorde :

« *Une indulgence plénière* chaque jour de l'année aux Pèlerins qui, visitant avec dévotion un des Sanctuaires du Pèlerinage de Lourdes, y prieront pieusement pendant quelque temps selon les intentions du Souverain Pontife, pourvu que, vraiment contrits, ils se soient confessés et aient reçu la Sainte Communion.

« *Une indulgence* également *plénière*, en faveur des mêmes Pèlerins si, à l'accomplissement des conditions indiquées plus haut, ils ajoutent celle de *s'être livrés à de pieux exercices de religion, pendant le voyage entrepris par eux pour venir au Sanctuaire sus-nommé.*

Indulgence plénière attachée à la Bénédiction papale.

Objets bénis et indulgenciés. — Plusieurs fois par jour, principalement à l'issue des grands offices, Messieurs les Chapelains, à la Grotte et dans les Basiliques, bénissent et indulgencient les objets de piété. Les indulgences appliquées sont celles dites *Apostoliques.*

Ils appliquent également aux chapelets les indulgences du Rosaire et bénissent les médailles de S. Benoît.

Les Indulgences Apostoliques sont celles que le Saint-Père applique lui-même aux objets qu'il bénit.

Que faut-il pour gagner ces indulgences ?

1º Ces objets, croix, chapelets et autres doivent être d'une matière dure qui ne se brise ou ne s'use pas facilement; 2° il faut porter ces objets sur soi ou les garder dans un endroit convenable de sa maison et réciter dévotement devant eux les prières prescrites; 3° les indulgences ne sont gagnées que par les propriétaires de ces objets ou par les personnes à qui on les a donnés la première fois.

Quelles Indulgences gagne-t-on? 1° A toutes les grandes fêtes de Notre-Seigneur, de la Sainte Trinité, de la Sainte Vierge, de la Saint Jean-Baptiste, de Saint Joseph et des Apôtres, une indulgence plénière; 2° à toutes autres fêtes de Notre-Seigneur ou de la Sainte Vierge sept ans et sept quarantaines; 3° à toute autre fête et chaque dimanche, cinq ans et cinq quarantaines; 4° quand on accomplit une bonne œuvre de piété ou de charité, comme le Rosaire, le chapelet, le petit office, la visite des détenus ou des malades, l'enseignement du catéchisme, on gagne des Indulgences qui varient entre cinquante et cent jours, et cela sans exclure les autres indulgences qu'on peut gagner à d'autres titres pour les mêmes actes; 5° à l'article de la mort, l'indulgence de la bonne mort pour la personne qui possède ces objets, et non pour d'autres, pourvu que, confessée et communiée, si elle le peut, elle invoque, au moins de cœur si elle ne le peut de bouche, le saint nom de Jésus.

Quelles conditions faut-il remplir? 1° Etre dans l'habitude de faire, au moins une fois par semaine, l'un ou l'autre des actes de foi ou de piété indiqués plus haut; 2° pour les indulgences des fêtes, confession, communion et les cinq *Pater* aux intentions du Souverain Pontife.

Insignes d'Enfants de Marie. — Les jeunes personnes, Enfants de Marie, sont invitées à porter leurs rubans et insignes pendant tout le pèlerinage.

Avis aux malades. — Les malades favorisés de quelques grâces de guérison, dans ce pèlerinage ou précédemment, sont priés de les faire connaître au bureau des constatations. Ils doivent se servir pour cela de l'intermédiaire du directeur du Pèlerinage.

Bureaux.—Les Pèlerins qui désirent faire dire des messes à Lourdes, demander des envois d'eau, donner leur nom à la Confrérie de l'Immaculée-Conception, doivent s'adresser aux bureaux qui se trouvent à gauche de l'entrée de la Basilique.

Objets perdus. — Les objets trouvés devront être rapportés au bureau des Chapelains, près de la Basilique. C'est là aussi que devront être adressées les réclamations pour les objets perdus.

Voleurs. — Chaque année des voleurs s'introduisent dans les rangs pressés des Pèlerins, jusqu'à la Table Sainte, surtout à Lourdes, pour leur dérober leur porte-monnaie. Avoir une poche de sûreté. Nous ne pouvons rendre ni l'argent ni les billets volés.

Cierges. — Nous croyons faire plaisir aux Pèlerins en leur signalant l'usage pieux adopté par plusieurs personnes, relativement aux cierges qui ont servi à la procession du soir. Beaucoup déposent ces cierges à la Grotte pour y être brûlés au pied de la statue.

D'autres les conservent et les rapportent avec un soin religieux dans leur famille pour être allumés au chevet d'un parent ou d'un ami agonisant, ou pendant un orage, ou enfin en toute circonstance d'acte religieux à accomplir.

Lettres. — Pour obtenir la *prompte* distribution des lettres aux Pèlerins pendant le séjour à Lourdes, nous proposons la méthode suivante :

Avertir les envoyeurs qu'ils aient à ajouter sur l'adresse : *Par M. l'abbé Bonnaire, chez les Chapelains de la Grotte, Lourdes.*

La distribution se fera *deux fois* par jour, à 8 h. 3/4 du matin et après la procession du Saint Sacrement, sous les Arcades, près du bureau des Constatations.

Le distributeur ne s'engage pas à demeurer plus d'un quart d'heure à son poste ; il est donc urgent que chacun soit exact aux heures fixées, ou qu'il délègue quelqu'un pour recevoir ses correspondances.

Pour une dépêche télégraphique, on peut prendre cette formule : *Abbé Bonnaire, Lourdes, remettre à...*

CHAPITRE V

Le Retour.

Adieux. — La cérémonie des adieux se fait à la Grotte. Allocution. Bénédiction papale. Cantique. Bénédiction d'un cœur en argent doré qui contiendra la liste des pèlerins de l'année et les noms des personnes qui auront versé à la souscription pour les malades. Ce cœur est ensuite offert, en ex-voto, à la Basilique de Lourdes.

Départ. — Prière d'être à la gare au moins une demi-heure avant le départ du train. On reprend les mêmes places qu'au voyage d'aller.

Le pèlerinage n'est pas terminé. Pendant le retour, on sera donc très fidèle aux prières et aux chants indiqués.

Les pèlerins qui le désirent peuvent, au retour, s'arrêter à Paris. Le mode le plus simple est de quitter le train spécial en gare de Juvisy, et là, de prendre un billet d'aller pour Paris. Mais alors le billet de pèlerin n'est plus valable pour le trajet de Paris à Reims.

L'heure à laquelle on arrive à Reims et la nécessité pour beaucoup de pèlerins de prendre aussitôt un autre train ne permettent pas de célébrer à la

Cathédrale une cérémonie commune d'actions de grâces. Chacun accomplira ce devoir dans l'église de sa paroisse et réclamera, s'il est possible, une messe spéciale à cette intention.

DEUXIÈME PARTIE

EXERCICES DE PIÉTÉ

NEUVAINE PRÉPARATOIRE

Au Pèlerinage de N.-D. de Lourdes

Les pieux serviteurs de la Vierge Immaculée, qui ont entendu son appel : **Je veux qu'on vienne ici en procession ; j'aime à y voir du monde,** *se souviendront des paroles qui accompagnèrent cet appel, paroles par lesquelles la Mère des pécheurs a marqué, dès l'origine, le caractère qui convient aux pèlerinages de Lourdes, celui d'œuvres de prières, de pénitence, de rénovation spirituelle :* **Il faut prier pour les pécheurs. Pénitence ! Pénitence ! Pénitence !... allez boire à la Fontaine** *(des sacrements),* **et vous y laver.**

Cette invitation est générale. Il n'y a cependant pas de doute qu'elle ne s'adresse d'une manière toute particulière aux malades qui vont chercher à la Grotte miraculeuse soit la délivrance, soit le soulagement de leurs infirmités corporelles.

Qu'ils ne craignent pas, ces chers malades, de demander la santé, les forces, les faveurs temporelles dont ils ont si grand désir ; n'ont-ils pas les promesses du divin Maître ?

« Tout ce que vous demanderez à mon Père en mon nom, je le ferai, afin que le Père soit glorifié en son Fils. *Mais que leur demande soit soumise pour-*

tant à la condition posée par le Sauveur, de servir à la gloire de Dieu, en contribuant au salut de leur âme, *Jésus n'a promis d'accorder que ce qui est demandé* **en son nom** *: or, demander au nom de Jésus, c'est demander ce que Jésus nous a mérité par sa mort sur la Croix, et il est évident qu'il n'a pu nous mériter ce qui nuirait à notre salut éternel :* « Quel est parmi vous, *dit-il*, l'homme qui donne une pierre à son fils lorsque celui-ci lui demande du pain ? Ou s'il lui demande un poisson, lui donnera-t-il un serpent ? A combien plus forte raison, votre Père céleste qui est dans les cieux, ne donnera-t-il à ceux qui le prient que des biens **véritables.** »

Qu'ils se rappellent les paroles de l'Apôtre Saint-Jacques. « Vous n'avez pas ce que vous désirez, parce que vous ne demandez pas ; ou si vous demandez, vous ne recevez pas, parce que vous demandez mal, et pour avoir de quoi satisfaire vos passions. »

Qu'ils s'appliquent de tout leur cœur, non-seulement à prier, mais à donner à leurs prières les qualités qui, seules, pourront les rendre efficaces.

Qu'ils demandent avec foi : Je vous dis en vérité, *assure le Sauveur*, que si vous avez de la foi, et que vous n'hésitiez pas, quand même vous diriez à cette montagne : Ote-toi de là et jette-toi dans la mer, cela se fera ; et quoi que ce soit ce que vous demandiez dans la prière, croyez que vous l'obtiendrez, et cela vous sera accordé. » *Et encore :* « Si vous pouvez croire, tout est possible en faveur de celui qui croit.

Qu'ils demandent avec une grande humilité, à l'exemple du publicain qui se tenait prosterné à la porte du temple, n'osant lever les yeux vers le ciel et se frappant la poitrine, et conformément à cette parole de l'Esprit-Saint : « La prière de celui qui s'humilie pénètre dans les nues ».

Qu'ils demandent avec un vif désir d'être exaucés, car, ainsi que le chante Marie, si « Dieu remplit de ses biens ceux qui ont faim, Il renvoie les riches les mains vides. »

Qu'ils demandent avec une entière confiance : Quoi que ce soit que vous me demandiez dans la prière, **croyez** que vous l'obtiendrez, et cela vous sera accordé. »

Qu'ils demandent avec un cœur droit, pur, disposé à faire ce que Dieu demande d'eux : « Mes bien-aimés, si notre cœur ne nous condamne point, nous aurons de la confiance devant Dieu, et quoi que ce soit que nous lui demandions, nous le recevrons de lui, parce que nous gardons ses commandements, et que nous faisons ce qui lui est agréable.

Qu'ils demandent enfin avec persévérance : « Demandez, et il vous sera donné ; cherchez, et vous trouverez ; frappez, et il vous sera ouvert ; car quiconque demande reçoit, et qui cherche trouve, et on ouvre à celui qui frappe.

Qu'ils assurent à leurs prières le tout-puissant appui de l'intercession de la Mère de Dieu, la Vierge Immaculée se souvenant que c'est elle qui a obtenu de Jésus son premier miracle par cette seule parole : « Ils n'ont plus de vin. »

Et en priant Marie, qu'ils s'appliquent à honorer tout spécialement en elle son Immaculée Conception, ce privilège étant celui qui lui est le plus justement cher, celui dont Elle est venue nous révéler la gloire à la grotte de Lourdes ; qu'ils l'invoquent également sous ses titres si glorieux de Refuge des Pécheurs, *de* Salut des Infirmes, *de* Notre-Dame de Salut ; *qu'ils regardent comme leur devoir principal celui qu'Elle rappelait en ces termes à Bernadette :* « Il faut prier pour les pécheurs » ; *devoir inculqué déjà par l'apôtre Saint-Jacques, son parent :* « Priez les uns pour les autres, afin de vous aider mutuellement à sauver vos âmes, attendu que la prière du juste, si elle est assidue, a une grande vertu auprès de Dieu. »

Qu'ils fassent à cette fin la neuvaine suivante, qui pourra être répétée plusieurs fois, soit avant, soit après le Pèlerinage, surtout à la veille des fêtes de la Sainte Vierge.

NEUVAINE

en l'honneur de l'Immaculée-Conception de Marie

Venez, Esprit-Saint, remplissez les cœurs de vos fidèles et allumez en eux le feu de votre amour.

℣ Envoyez votre Esprit et tout sera créé.

℞ Et vous renouvellerez la face de la terre.

Prions : O Dieu ! qui avez instruit les cœurs des fidèles par la lumière du Saint-Esprit, accordez-nous que ce même Esprit nous fasse goûter et aimer le bien et qu'il répande en nous sa consolation ; nous le demandons par Notre-Seigneur Jésus-Christ. — Ainsi soit-il.

Vierge très pure, conçue sans péché, toute belle et sans tache dès le premier instant, Mère de Dieu, Reine des Anges et des hommes, je vous révère humblement comme la Mère de mon Sauveur. C'est votre adorable Fils qui, tout Dieu qu'il était, m'a enseigné, par son estime, par son respect, sa soumission envers vous, quels honneurs et quels hommages je dois vous rendre. Vous êtes le refuge assuré des pécheurs repentants ; j'ai donc raison de recourir à vous. Vous êtes la Mère de Miséricorde ; vous ne pouvez donc pas ne pas vous attendrir à la vue de mes misères. Vous êtes après Jésus toute mon espérance ; comment n'agréeriez-vous pas ma confiance ? Rendez-moi donc digne d'être appelé votre enfant afin que je puisse vous dire avec assurance : *Montrez que vous êtes ma Mère !*

On récite neuf Ave Maria, *un* Gloria Patri, *puis l'une des prières indiquées ci-après pour chaque jour.*

1er JOUR. — O Marie, Vierge Immaculée, me voici à vos pieds ! Je me réjouis avec vous de ce que vous avez été choisie de toute éternité pour être la Mère du Verbe éternel et préservée de la tache originelle. — Je remercie et bénis la Très Sainte Trinité qui vous a accordé tous ces privilèges dans votre Conception. — Je vous supplie humblement de m'obtenir la grâce de triompher des suites laissées en moi par le péché originel. Faites que je les surmonte et que je ne cesse jamais d'aimer mon Dieu.

2me JOUR. — O Marie, lis immaculé d'innocence ! je me réjouis avec vous de ce que, dès le premier instant de votre Conception, vous avez été comblée de grâces et mise en possession du plein usage de votre raison. — Je remercie et j'adore la Très Sainte Trinité qui vous a enrichie de dons si précieux, et je me confonds devant vous en me voyant si pauvre et si dépourvu de grâces. — Donnez-moi quelque part aux faveurs dont vous avez été si généreusement dotée, et faites-moi participer aux trésors de votre Immaculée-Conception.

3me JOUR. — O Marie, rose mystique de sainteté ! je me réjouis avec vous du glorieux triomphe que vous avez remporté sur le serpent infernal dans votre Immaculée-Conception, et de ce que vous avez été conçue sans la tache du péché originel. — Je remercie et loue de tout mon cœur la Très Sainte Trinité, qui vous a traitée avec une prédilection si singulière. — Je vous supplie de m'obtenir la grâce de surmonter toutes les embûches du démon et de conserver mon âme exempte de toute souillure du péché. O Marie, aidez-moi, sans vous lasser, et faites que par votre protection, je triomphe toujours des ennemis de mon salut.

4me JOUR. — O Marie, miroir immaculé de pureté ! je me réjouis de tout mon cœur de ce que, dans votre Conception, les plus sublimes et les plus parfaites vertus, ainsi que tous les dons du Saint-Esprit vous ont été abondamment départis. — Je remercie et loue la Très Sainte Trinité qui vous a si merveilleusement comblée. — Je vous supplie, ò Mère pleine de bonté, de m'obtenir la grâce de mettre en exercice les vertus déposées en moi par le saint baptême et de me rendre par là digne de recevoir la grâce et les dons du Saint-Esprit !

5me JOUR. — O Marie, astre resplendissant de pureté ! je me félicite avec vous de ce que le mystère de votre Conception Immaculée a été le principe du salut du genre humain et la joie de l'univers. — Je remercie et bénis la Très Sainte Trinité qui vous a ainsi élevée et glorifiée. — Je vous supplie de m'obtenir la grâce de profiter de la Passion et de la mort de votre divin Fils, afin que son sang n'ait pas été répandu inutilement pour moi sur l'arbre de la Croix; mais qu'au contraire je vive saintement et meure dans son amour.

6me JOUR. — O Marie, étoile brillante de pureté ! je me réjouis avec vous de ce que votre Immaculée-Conception a ravi de joie tous les anges dans le ciel. Je remercie et bénis la Très Sainte Trinité qui vous a ainsi accordé un si beau privilège. — O Marie, faites qu'un jour je prenne part à cette joie, et que je puisse, dans la compagnie des anges, vous louer et vous bénir pendant toute l'éternité !

7me JOUR. — O Marie Immaculée, aurore naissante d'une beauté qui ira toujours grandissant ! Je me réjouis avec vous de ce que, dès le premier moment de votre Conception, vous avez été confirmée en grâce et mise à l'abri pour jamais du péché. — Je remercie et exalte la Très Sainte Trinité qui vous a gratifiée seule de cette insigne prérogative. — O

Vierge, obtenez-moi une horreur constante du péché, faites que je le déteste plus que tous les maux, et que je meure plutôt que d'offenser Dieu à l'avenir !

8me JOUR. — O Marie, soleil sans tache, je me félicite avec vous et me réjouis de ce que dans votre Conception, Dieu vous a accordé plus de grâces que n'en eurent tous les anges et tous les saints, au comble même de leurs mérites. — Je remercie et j'admire la souveraine libéralité de la Très Sainte Trinité, qui s'est montrée si magnifique à votre égard. — O Marie, faites que je corresponde fidèlement aux grâces de mon Dieu, et que je n'en abuse plus désormais ; changez mon cœur et faites que, dès ce moment, je commence à me convertir !

9me JOUR. — O Marie, Mère et Vierge Immaculée, lumière vive de sainteté et modèle de pureté ! à peine conçue, vous avez adoré profondément votre Dieu et l'avez remercié de ce que, par votre moyen, l'ancienne malédiction portée contre les hommes étant suspendue, la bénédiction divine allait se répandre sur les enfants d'Adam. — O Marie, faites que cette bénédiction allume dans mon cœur la charité : enflammez ce cœur, consumez-le, afin que j'aime constamment mon Dieu et que, jouissant de lui dans l'éternité, je puisse le remercier avec plus d'ardeur des privilèges incomparables qu'il vous a accordés et me réjouir avec vous de vous avoir couronnée de tant de gloires !

Enfin on continue ainsi :

℣ Vous êtes toute belle, ô Marie !
℟ Et la tache originelle n'est point en vous !
℣ Vous êtes la gloire de Jérusalem !
℟ Vous êtes la joie d'Israël !
℣ Vous êtes l'honneur de votre peuple !
℟ Vous êtes l'avocate des pécheurs !
℣ Priez pour nous !
℟ Intercédez pour nous !

Prions : O Dieu ! qui, en préservant la glorieuse Vierge du péché originel, avez ainsi préparé une digne demeure à votre Fils dans le sein de cette Vierge Immaculée, nous vous supplions que, comme vous l'avez mise hors de toute atteinte du péché, en prévision des mérites de ce même Fils, vous daignez aussi, à sa demande, nous faire la grâce d'arriver à vous purifiés de nos péchés ; nous vous en conjurons par Jésus-Christ Notre-Seigneur. Ainsi soit-il.

On termine l'exercice en implorant la faveur qu'on désire, et on précise l'acte de vertu qu'on se propose de pratiquer, ce qui peut se faire à peu près comme il suit :
Vierge pleine de bonté et de puissance auprès du Seigneur, obtenez-moi... *(indiquer la grâce spirituelle ou corporelle)*, et si ce que je demande n'est pas dans la gloire de Dieu et le bien de mon âme, obtenez-moi ce qu'il y a de plus conforme à l'un et à l'autre. De mon côté, pour être agréable à vous et à votre Fils, je veux aujourd'hui... *(déterminer ce qu'on a l'intention de faire)*. Aidez-moi à accomplir ma résolution.

ASPIRATIONS en l'honneur de l'Immaculée-Conception. — Cœur Immaculé de Marie, priez pour nous ! *(Indulgence de 100 jours, Pie IX, 10 juin 1869).*

— O Marie qui êtes entrée dans le monde sans tache, ah ! obtenez-moi de Dieu de pouvoir en sortir dans le même état ! *(Indulgence de 100 jours, une fois le jour, Pie IX, 27 mars 1863).*

— Bénie soit la sainte, immaculée et très pure Conception de la Bienheureuse Vierge Marie, Mère de Dieu *(300 jours chaque fois, Léon XIII, 10 septembre 1878).*

Notre-Dame de Lourdes, priez pour nous *(300 j. chaque fois, Pie X).*

— Doux cœur de Marie, soyez mon salut ! (*300 jours chaque fois. Indulgence plénière une fois le mois*, Pie IX, 30 septembre 1852).

Vierge Marie, Immaculée dans votre Conception, priez pour nous le Père, dont vous avez enfanté le Fils Jésus, que vous aviez conçu du Saint-Esprit ! (*Indulgence de 100 jours chaque fois*, Pie VI, 21 novembre 1791).

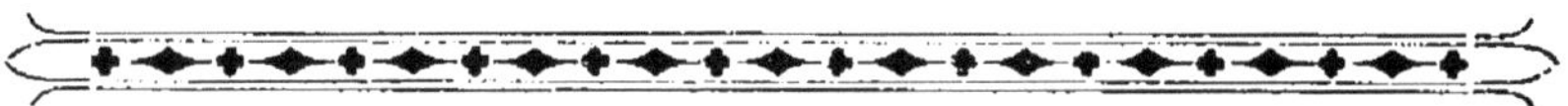

PRIÈRES DE L'ITINÉRAIRE

Ant. Que la paix de Dieu vous accompagne !

Béni soit le Seigneur, le Dieu d'Israël, de ce qu'il a visité et racheté son peuple.

Et nous a suscité une corne de salut dans la maison de son serviteur David.

Comme il a promis par la bouche de ses saints prophètes, qui ont été dès les temps les plus anciens,

De nous sauver de nos ennemis et de la main de tous ceux qui nous haïssent,

Pour accomplir ses miséricordes envers nos pères, en souvenir de son alliance sainte ;

Ant. In viam pacis.

Benedictus Dominus Deus Israël, * quia visitavit et fecit redemptionem plebis suæ.

Et erexit cornu salutis nobis, * in domo David pueri sui.

Sicut locutus est per os sanctorum, * qui a sæculo sunt Prophetarum ejus.

Salutem ex inimicis nostris, * et de manu omnium qui oderunt nos.

Ad faciendam misericordiam cum patribus nostris * et memorari testamenti sui sancti ;

Jusjurandum quod juravit ad Abraham patrem nostrum, * daturum se nobis.

Selon le serment qu'il a juré à Abraham, notre père, de faire pour nous.

Ut sine timore de manu inimicorum nostrorum liberati, * serviamus illi.

Qu'étant délivrés de nos ennemis, nous le servions sans crainte,

In sanctitate et justitia coram ipso * omnibus diebus nostris.

Dans la sainteté et la justice, marchant devant lui tous les jours de notre vie.

Et tu puer, Propheta Altissimi vocaberis : * præibis enim ante faciem Domini parare vias ejus;

Et toi, petit enfant, tu seras appelé Prophète du Très-Haut ; car tu marcheras devant la face du Seigneur pour lui préparer les voies,

Ad dandam scientiam salutis plebi ejus, * in remissionem peccatorum eorum.

Pour donner au peuple la science du salut et pour la rémission de ses péchés.

Per viscera misericordiæ Dei nostri, * in quibus visitavit nos oriens ex alto.

Par les entrailles de la miséricorde de notre Dieu avec lesquelles est venu nous visiter le soleil se levant d'en haut,

Illuminare his qui in tenebris et in umbra mortis sedent, * ad dirigendos pedes nostros in viam pacis.

Pour éclairer ceux qui sont assis dans les ténèbres et à l'ombre de la mort, pour diriger nos pieds dans la voie de paix.

Gloria Patri, etc.

Gloire au Père, etc.

Ant. In viam pacis et prosperitatis dirigat nos omnipotens et misericors Dominus ; et Angelus Raphaël comitetur nobiscum in via, ut cum pace

Ant. Que le Seigneur tout-puissant et miséricordieux nous mette en chemin, nous donnant paix et prospérité ; que l'ange Raphaël nous accompagne le long de la route, que nous rentrions chez nous en paix, joie et santé.

Seigneur, ayez pitié de nous.

Kyrie eleison.

Jésus-Christ, ayez pitié de nous.

Christe eleison.

Seigneur, ayez pitié de nous.

Kyrie eleison.

Notre Père, etc.

Pater noster, etc.

Ne nous laissez pas succomber à la tentation ;

Et ne nos inducas in tentationem ;

Mais délivrez-nous du mal.

Sed libera nos a malo.

℣. Rendez saufs vos serviteurs.

℣. Salvos fac servos tuos.

℞. Mon Dieu, ils espèrent en vous.

℞. Deus meus, sperantes in te.

℣. Du Saint des Saints, Seigneur, envoyez-nous secours ;

℣. Mitte nobis, Domine, auxilium de sancto.

℞. Des hauteurs de Sion protégez-nous.

℞. Et de Sion tuere nos.

℣. Soyez-nous une défense puissante.

℣. Esto nobis, Domine, turris fortitudinis.

℞. En présence de l'ennemi.

℞. A facie inimici.

℣. Que l'ennemi ne puisse rien contre nous.

℣. Nihil proficiat inimicus in nobis.

℞. Et que le fils d'iniquité n'ait pas le pouvoir de nous nuire.

℞. Et filius iniquitatis non apponat nocere nobis.

℣. Que le Seigneur soit béni chaque jour.

℣. Benedictus, Dominus, die quotidie ;

℞. Qu'il rende prospère

℞. Prosperum iter faciat

nobis Deus salutarium nostrorum.

℣. Vias tuas, Domine, demonstra nobis.

℟. Et semitas tuas edoce nos.

℣. Utinam dirigantur viæ nostræ.

℟. Ad custodiendas justificationes tuas.

℣. Erunt prava in directa.

℟. Et aspera in vias planas.

℣. Angelis suis Deus mandavit de te.

℟. Ut custodiant te in omnibus viis tuis.

℣. Domine, exaudi orationem meam.

℟. Et clamor meus ad te veniat.

℣. Dominus vobiscum.

℟. Et cum spiritu tuo.

OREMUS

Deus qui filios Israel per maris medium sicco vestigio ire fecisti ; quique tribus Magis iter ad te, stella duce, pandisti, tribue nobis, quæsumus, iter prosperum tempusque tranquillum : ut, an-

notre pèlerinage, le Dieu qui nous a sauvés.

℣. Seigneur, montrez-nous nos voies.

℟. Ouvrez - nous vous-même vos sentiers.

℣. Que nos démarches soient réglées.

℟. Afin que nous gardions vos commandements.

℣. Les chemins tortueux deviendront droits.

℟. Et les raboteux unis.

℣. Pour vous il a fait un commandement à ses anges,

℟. De vous garder dans toutes vos voies.

℣. Seigneur exaucez ma prière,

℟. Et que mon cri parvienne jusqu'à vous.

℣. Que le Seigneur soit avec vous.

℟. Et avec votre esprit.

PRIONS

O Dieu qui avez fait passer la mer à pied sec aux fils d'Israël, qui par une étoile, avez tracé aux trois mages la route qui les conduisit à vous : accordez-nous , s'il vous plait, bon voyage et temps favorable, afin que, sous la conduite des saints anges, nous arrivions heureusement au sanctuaire que nous allons visiter, et plus tard au port du salut éternel.

gelo tuo sancto comite, ad eum quo pergimus locum, ac demum ad æternæ salutis portum pervenire feliciter valeamus.

O Dieu! qui avez gardé sain et sauf Abraham dans toutes ses pérégrinations, lors de sa sortie de Ur en Chaldée, daignez, nous vous en prions, garder aussi vos serviteurs, favorisez-nous d'abord dans nos apprêts; puis soyez-nous, vous-même, le charme de la route; servez d'ombrage contre la chaleur; d'abri contre la pluie et le froid, de char dans la lassitude, de force contre les obstacles, de bâtons aux endroits glissants, de port dans le naufrage, afin que, sous votre conduite, nous arrivions heureusement là où nous allons et revenions au foyer pleins de santé et de vie.

Deus qui Abraham puerum tuum de Ur Chaldeorum eductum, per omnes suæ peregrinationis vias illæsum custodisti; quæsumus, ut nos famulos tuos custodire digneris; esto nobis Domine in procinctu suffragium, in via solatium, in æstu umbraculum, in pluvia et frigore tegumentum, in lassitudine vehiculum, in adversitate præsidium, in lubrico baculus, in naufragio portus; ut te duce, quo tendimus, prospere perveniamus, et demum incolumes in propria redeamus.

Prêtez l'oreille, Seigneur, à nos supplications et disposez toutes choses pour que vos serviteurs trouvent dans leurs voies prospérité et salut, et que, au milieu de toutes les vicissitudes de la route et de la vie, nous soyons toujours couverts de votre protection.

Adesto quæsumus Domine, supplicationibus nostris, et viam famulorum tuorum in salutis tuæ prosperitate dispone; ut inter omnes viæ et vitæ hujus varietates, tuo semper protegamur auxilio.

Presta, quæsumus, omnipotens Deus, ut familia tua per viam salutis incedat et beati Joannis præcursoris hortamenta sectando, ad eum quem prædixit secura perveniat Dominum nostrum Jesum Christum Filium tuum : qui tecum vivit et regnat, etc.

℣. Procedamus in pace.

℟. In nomine Domini, Amen.

Nous vous supplions, Dieu tout-puissant, que vous accordiez à votre famille de marcher dans la voie du salut, et que, se conformant aux exhortations du B. Jean le Précurseur, elle arrive en toute sécurité à Celui qu'il a prêché, Jésus-Christ, votre Fils, Notre Seigneur.

℣ Partons en paix.

℟ Au nom du Seigneur. Ainsi soit-il.

PRIÈRES DU MATIN

AU NOM DU PÈRE ET DU FILS ET DU SAINT-ESPRIT, AINSI SOIT-IL

*Mettons-nous en la présence de Dieu et adorons
son saint nom*

Très sainte et très auguste Trinité, Dieu seul
en trois personnes, je crois que vous êtes ici présent. Je vous adore avec les sentiments de l'humilité la plus profonde, et je vous rends de tout mon
cœur les hommages qui sont dûs à votre souveraine
majesté.

*Remercions Dieu des grâces qu'il nous a faites
et offrons-nous à lui*

Mon Dieu, je vous remercie très humblement de
toutes les grâces que vous m'avez faites jusqu'ici.
C'est encore par un effet de votre bonté que je vois
ce jour : je veux aussi l'employer uniquement à
vous servir. Je vous en consacre toutes les pensées,
les paroles, les actions et les peines. Bénissez-les,
Seigneur, afin qu'il n'y en ait aucune qui ne soit
animée de votre amour et ne tende à votre plus
grande gloire.

*Formons la résolution d'éviter le péché
et de pratiquer la vertu*

Adorable Jésus, divin modèle de la perfection
à laquelle nous devons aspirer, je vais m'ap-
pliquer, autant que je le pourrai, à me rendre
semblable à vous : doux, humble, chaste, zélé,
patient, charitable et résigné comme vous, et je
ferai particulièrement mes efforts pour ne pas
retomber aujourd'hui dans les fautes que je com-
mets si souvent, et dont je souhaite sincèrement
de me corriger.

Demandons à Dieu les grâces qui nous sont nécessaires

Mon Dieu, vous connaissez ma faiblesse, je ne puis rien sans le secours de votre grâce. Ne me la refusez pas, ô mon Dieu ; proportionnez-la à mes besoins : donnez-moi assez de force pour éviter tout le mal que vous défendez, pour pratiquer tout le bien que vous attendez de moi et pour souffrir patiemment toutes les peines qu'il vous plaira de m'envoyer.

L'Oraison Dominicale

Pater noster, qui es in cœlis, sanctificetur nomen tuum ; adveniat regnum tuum ; fiat voluntas tua, sicut in cœlo et in terra ; panem nostrum quotidianum da nobis hodie ; et dimitte nobis debita nostra, sicut et nos dimittimus debitoribus nostris ; et ne nos inducas in tentationem ; sed libera nos a malo. Amen.

La Salutation Angélique

Ave, Maria, gratia plena, Dominus tecum : benedicta tu in mulieribus, et benedictus fructus ventris tui Jesus.

Sancta Maria, Mater Dei, ora pro nobis peccatoribus, nunc et in horâ mortis nostræ. Amen.

Le Symbole des Apôtres

Credo in Deum, Patrem omnipotentem, Creatorem cœli et terræ ; et in Jesum Christum Filium ejus unicum Dominum nostrum ; qui conceptus est de Spiritu sancto, natus ex Mariâ Virgine ; passus sub Pontio Pilato, crucifixus, mortuus et sepultus ; descendit ad inferos ; tertiâ die resurrexit a mortuis ; ascendit ad cœlos, sedet ad dexteram Dei Patris omnipotentis, inde venturus est judicare vivos et mortuos.

Credo in Spiritum sanctum, sanctam Ecclesiam catholicam, sanctorum communionem, remissionem peccatorum, carnis resurrectionem, vitam æternam. Amen.

La Confession des péchés

Confiteor Deo omnipotenti, Beatæ Mariæ semper Virgini, beato Michaeli Archangelo, beato Joanni Baptistæ, sanctis Apostolis Petro et Paulo, omnibus Sanctis (et tibi, Pater), quia peccavi nimis cogitatione, verbo et opere : meâ culpâ, meâ culpâ, meâ maximâ culpâ. Ideo precor beatam Mariam semper Virginem, beatum Michaelem Archangelum, beatum Joannem Baptistam, Sanctos Apostolos Petrum et Paulum, omnes sanctos (et te Pater), orare pro me ad Dominum Deum nostrum.

Misereatur nostri, omnipotens Deus, et dimissis peccatis nostris, perducat nos ad vitam æternam. Amen.

Indulgentiam, absolutionem et remissionem peccatorum nostrorum tribuat nobis omnipotens et misericors Dominus. Amen.

Invoquons la Sainte Vierge, notre bon Ange et notre saint Patron

Sainte Vierge, Mère de Dieu, ma Mère et ma patronne, je me mets sous votre protection, et je me jette avec confiance dans le sein de votre miséricorde. Soyez, ô Mère de bonté, mon refuge dans mes besoins, ma consolation dans mes peines et mon avocate auprès de votre adorable Fils, aujourd'hui, tous les jours de ma vie, et particulièrement à l'heure de ma mort.

Ange du Ciel, mon fidèle et charitable guide, obtenez-moi d'être si docile à vos inspirations et de régler si bien mes pas que je ne m'écarte en rien de la voie des commandements de mon Dieu.

Grand saint, dont j'ai l'honneur de porter le nom, protégez-moi, priez pour moi, afin que, comme vous, je puisse servir Dieu sur la terre, et le glorifier éternellement avec vous dans le Ciel. Ainsi soit-il.

Acte de Foi

Je crois fermement qu'il y a un Dieu en trois personnes, le Père, le Fils et le Saint-Esprit. Je crois que le Fils de Dieu, la seconde personne de la Sainte-Trinité, s'est fait homme et qu'il est mort pour nous racheter du péché et de la damnation éternelle. Je crois aussi toutes les autres vérités que Dieu nous a révélées et qu'il nous propose à croire par son Eglise, parce qu'il est la vérité même et qu'il ne peut ni se tromper ni nous tromper.

Acte d'Espérance

Mon Dieu, j'espère avec une ferme confiance que vous me donnerez, par les mérites de Jésus-Christ, vos grâces dans ce monde, et, si j'observe vos commandements, le paradis dans l'autre, parce que vous l'avez promis et que vous êtes souverainement fidèle dans vos promesses.

Acte de Charité

Mon Dieu, je vous aime de tout mon cœur et par-dessus toutes choses ; parce que vous êtes infiniment bon et infiniment aimable, et j'aime mon prochain comme moi-même, pour l'amour de vous, parce que vous me le commandez.

Acte de Contrition

Mon Dieu, j'ai un extrême regret de vous avoir offensé, parce que vous êtes infiniment bon, infiniment aimable, et que le péché vous déplaît. Je vous en demande pardon par les mérites de Jésus-Christ, et je prends la ferme résolution, moyennant votre sainte grâce, de ne plus retomber dans le péché, d'en faire pénitence et de mieux vivre à l'avenir.

ANGELUS

(Air : *Ave Maria*, de Lourdes)

1. L'Archange à Marie
Dit : Salut à toi,
O Vierge choisie
Par le divin Roi. *Ave, ave...*

Angelus Domini nuntiavit Mariæ, * Et concepit de Spiritu Sancto.
Ave, Maria, gratiâ plena, etc...

4. Je suis la servante
Du Dieu créateur :
Humble, obéissante,
J'attends mon Sauveur. *Ave, ave...*

Ecce ancilla Domini ; * Fiat mihi secundum verbum tuum.
Ave, Maria...

3. Et le Fils du Père
Descendit des cieux,
Devint notre frère
Pour nous rendre heureux. *Ave, ave.*

Et Verbum caro factum est ; * Et habitavit in nobis.
Ave Maria...

4. Priez, ô Marie,
Pour tous vos enfants ;
O Mère chérie,
Entendez nos chants. *Ave, ave...*

v Ora pro nobis, Sancta Dei Genitrix. r Ut digni efficiamur promissionibus Christi.

Oremus. — Gratiam tuam, quæsumus, Domine, mentibus nostris infunde, ut qui, Angelo nuntiante, Christi Filii tui Incarnationem cognovimus, per Passionem ejus et Crucem ad Resurrectionis gloriam perducamur. Per eumdem Christum Dominum nostrum. r Amen.

Litanies du Saint Nom de Jésus

Kyrie, eleison,	Seigneur, ayez pitié de nous,
Christe, eleison,	Jésus-Christ, ayez pitié de nous,
Kyrie, eleison,	Seigneur, ayez pitié de nous,
Jesu, audi nos,	Jésus, écoutez-nous,
Jesu, exaudi nos,	Jésus, exaucez-nous,
Pater de cœlis, Deus; miserere nobis,	Dieu le Père, des Cieux où vous êtes assis, ayez pitié de nous,
Fili, Redemptor mundi, Deus,	Dieu le Fils, Rédempteur du monde, ayez pitié de nous,
Spiritus Sancte, Deus,	Dieu le Saint-Esprit,
Sancta Trinitas, unus Deus,	Trinité sainte, qui êtes un seul Dieu,
Jesu, Fili Dei vivi,	Jésus, Fils du Dieu vivant,
Jesu, splendor Patris,	Jésus, splendeur du Père,
Jesu, candor lucis æternæ,	Jésus, pureté de la lumière éternelle,
Jesu, rex gloriæ,	Jésus, roi de gloire,
Jesu, sol justitiæ,	Jésus, soleil de justice,
Jesu, Fili Mariæ Virginis,	Jésus, fils de la Vierge Marie,
Jesu, amabilis,	Jésus, aimable,
Jesu, admirabilis,	Jésus, admirable,
Jesu, Deus fortis,	Jésus, Dieu fort,
Jesu, Pater futuri sæculi,	Jésus, Père du siècle à venir,
Jesu, magni consilii Angele,	Jésus, Ange du grand Conseil,
Jesu, potentissime,	Jésus, très puissant,

Jésus, très patient,
Jesu, patientissime,

Jésus, très obéissant,
Jesu, obedientissime,

Jésus, doux et humble de cœur,
Jesu, mitis et humilis corde,

Jésus, amateur de la chasteté,
Jesu, amator castitatis,

Jésus, qui nous honorez de votre amour,
Jesu, amator noster,

Jésus, Dieu de paix,
Jesu, Deus pacis,

Jésus, auteur de la vie,
Jesu, auctor vitæ,

Jésus, modèle des vertus,
Jesu, exemplar virtutum,

Jésus, zélateur des âmes.
Jesu, zelator animarum,

Jésus, notre Dieu,
Jesu, Deus noster,

Jésus, notre refuge.
Jesu, refugium nostrum,

Jésus, père des pauvres,
Jesu, pater pauperum,

Jésus, trésor des fidèles,
Jesu, thesaurus fidelium,

Jésus, bon pasteur,
Jesu, bone pastor,

Jésus, vraie lumière,
Jesu, lux vera,

Jésus, sagesse éternelle,
Jesu, sapientia æterna,

Jésus, bonté infinie,
Jesu, bonitas infinita,

Jésus, notre voie et notre vie,
Jesu, via et vita nostra,

Jésus, la joie des Anges,
Jesu, gaudium Angelorum,

Jésus, roi des Patriarches,
Jesu, rex Patriarcharum,

Jésus, le maître des Apôtres.
Jesu, magister Apostolorum,

Jésus, le docteur des Evangélistes,
Jesu, doctor Evangelistarum,

Jésus, la force des Martyrs,
Jesu, fortitudo Martyrum,

Jésus, la lumière des Confesseurs,
Jesu, lumen Confessorum,

Jésus, la pureté des Vierges,
Jesu, puritas Virginum.

Jésus, la couronne de tous les Saints, ayez pitié de nous.
Jesu, corona Sanctorum omnium, miserere nobis.

Propitius esto, parce nobis, Jesu.

Soyez-nous propice, pardonnez-nous, Jésus.

Propitius esto, exaudi nos, Jesu.

Soyez-nous propice, exaucez-nous, Jésus.

Ab omni malo, libera nos, Jesu.

De tout mal, délivrez-nous, Jésus.

Ab omni peccato, libera nos, Jesu.

De tout péché, délivrez-nous, Jésus.

Ab ira tua, libera nos, Jesu.

De votre colère, délivrez-nous, Jésus.

Ab insidiis diaboli, libera nos, Jesu.

Des embûches du démon, délivrez-nous, Jésus.

A spiritu fornicationis, libera nos, Jesu.

De l'esprit de fornication, délivrez-nous, Jésus.

A morte perpetua, libera nos, Jesu.

De la mort perpétuelle, délivrez-nous, Jésus.

A neglectu inspirationum tuarum, libera nos, Jesu.

Du mépris de vos divines inspirations, délivrez-nous, Jésus.

Per mysterium sanctæ Incarnationis tuæ, libera nos, Jesu.

Par le mystère de votre sainte Incarnation, délivrez-nous, Jésus.

Per nativitatem tuam, libera nos, Jesu.

Par votre naissance, délivrez-nous, Jésus.

Per infantiam tuam, libera nos, Jesu.

Par votre enfance, délivrez-nous, Jésus.

Per divinissimam vitam tuam, libera nos, Jesu.

Par votre vie toute divine, délivrez-nous, Jésus.

Per labores tuos, libera nos, Jesu.

Par vos travaux, délivrez-nous, Jésus.

Per Agoniam et Passionem tuam, libera nos, Jesu.

Par votre Agonie et votre Passion, délivrez-nous, Jésus.

Per Crucem et derelictionem tuam, libera nos, Jesu.

Par votre Croix et par votre abandonnement, délivrez-nous, Jésus.

Per languores tuos, libera nos, Jesu.

Par vos langueurs, délivrez-nous, Jésus.

Par votre mort et par votre sépulture, délivrez-nous, Jésus.

Par votre Résurrection, délivrez-nous, Jésus.

Par votre Ascension, délivrez-nous, Jésus.

Par vos saintes joies, délivrez-nous, Jésus.

Par votre gloire, délivrez-nous, Jésus.

Agneau de Dieu, qui effacez les péchés du monde, pardonnez-nous, Jésus.

Agneau de Dieu, qui effacez les péchés du monde. exaucez-nous, Jésus.

Agneau de Dieu, qui effacez les péchés du monde, ayez pitié de nous, Jésus.

Jésus, écoutez-nous.

Jésus, exaucez-nous.

℣. Nous vous bénirons, ô Dieu ! ℟ Et nous invoquerons votre Nom.

PRIONS

Seigneur, Jésus-Christ, qui avez dit : Demandez et vous recevrez ; cherchez et vous trouverez ; frappez, et il vous sera ouvert ; faites-nous, s'il vous plaît, la grâce de concevoir l'affection de votre amour tout divin, afin que nous vous aimions de tout notre cœur en vous confessant de bouche et d'action, et que jamais nous ne cessions de vous louer. Ainsi soit-il.

Per mortem et sepulturam tuam, libera nos, Jesu.

Per Resurrectionem tuam, libera nos, Jesu.

Per Ascensionem tuam, libera nos, Jesu.

Per gaudia tua, libera nos, Jesu.

Per gloriam tuam, libera nos, Jesu.

Agnus Dei, qui tollis peccata mundi, parce nobis, Jesu.

Agnus Dei, qui tollis peccata mundi, exaudi nos, Jesu.

Agnus Dei, qui tollis peccata mundi, miserere nobis, Jesu.

Jesu, audi nos.

Jesu, exaudi nos.

℣. Confitebimur tibi, Deus ; ℟ Et invocabimus Nomen tuum.

OREMUS

Domine Jesu Christe, qui dixisti : Petite et accipietis, quærite, et invenietis ; pulsate, et aperietur vobis ; quæsumus, da nobis petentibus divinissimi tui amoris affectum, ut te toto corde, ore et opere diligamus, et a tua nunquam laude cessemus. Qui vivis et regnas in sæcula sæculorum. Amen.

PRIÈRES DU SOIR

AU NOM DU PÈRE, ET DU FILS, ET DU SAINT-ESPRIT, AINSI SOIT-IL

Mettons-nous en la présence de Dieu et adorons-le

Je vous adore, ô mon Dieu, avec la soumission que m'inspire la présence de votre souveraine grandeur. Je crois en vous, parce que vous êtes la vérité même. J'espère en vous, parce que vous êtes infiniment bon. Je vous aime de tout mon cœur, parce que vous êtes souverainement aimable,, et j'aime le prochain comme moi-même, pour l'amour de vous.

Remercions Dieu des grâces qu'il nous a faites

Quelles actions de grâces vous rendrai-je, ô mon Dieu ! pour tous les biens que j'ai reçus de vous ? Vous avez songé à moi de toute éternité ; vous m'avez tiré du néant, vous avez donné votre vie pour me racheter, et vous me comblez encore tous les jours d'une infinité de faveurs. Hélas ! Seigneur, que puis-je faire en reconnaissance de tant de bontés ? Joignez-vous à moi, Esprits bienheureux, pour louer le Dieu des miséricordes, qui ne cesse de faire du bien à la plus indigne et à la plus ingrate de ses créatures.

Demandons à Dieu la grâce de connaître
nos péchés

Source éternelle de lumière, Esprit saint, dissipez les ténèbres qui me cachent la laideur et la malice du péché. Faites m'en concevoir une si grande horreur, ô mon Dieu ! que je le haïsse, s'il se peut, autant que vous le haïssez vousmême, et que je ne craigne rien tant que de le commettre à l'avenir.

...xaminons-nous sur le mal que nous avons commis envers Dieu, envers le prochain, envers nous-mêmes

Me voici, Seigneur, tout couvert de confusion et pénétré de douleur à la vue de mes fautes. Je viens les détester devant vous, avec un vrai déplaisir d'avoir offensé un Dieu si bon, si aimable et si digne d'être aimé. Est-ce donc là, ô mon Dieu, ce que vous deviez attendre de ma reconnaissance, après m'avoir aimé jusqu'à répandre votre sang pour moi ? Oui, Seigneur, j'ai poussé trop loin ma malice et mon ingratitude. Je vous en demande très humblement pardon, et je vous conjure, ô mon Dieu, par cette même bonté dont j'ai ressenti tant de fois les effets, de m'accorder la grâce d'en faire, dès aujourd'hui, et jusqu'à la mort, une sincère pénitence.

Faisons un ferme propos de ne plus pécher

Que je souhaiterais, ô mon Dieu, de ne vous avoir jamais offensé ! mais puisque j'ai été assez malheureux pour vous déplaire, je vais vous témoigner la douleur que j'en ai par une conduite tout opposée à celle que j'ai gardée jusqu'ici. Je renonce dès à présent au péché, surtout de celui où j'ai la faiblesse de retomber si souvent ; et, si vous daignez m'accorder votre grâce, ainsi que je la demande et que je l'espère, je tâcherai de remplir fidèlement mes devoirs, et rien ne sera capable de m'arrêter quand il s'agira de vous servir. Ainsi soit-il.

L'Oraison Dominicale

Notre Père qui êtes aux cieux, que votre nom soit sanctifié ; que votre règne arrive, que votre volonté soit faite sur la terre comme au ciel. Donnez-nous aujourd'hui notre pain de chaque jour ; pardonnez-nous nos offenses, comme nous pardonnons à ceux qui nous ont offensés ; et ne nous laissez pas succomber à la tentation, mais délivrez-nous du mal. Ainsi soit-il.

La Salutation Angélique

Je vous salue, Marie, pleine de grâce, le Seigneur est avec vous, vous êtes bénie entre toutes les femmes, et Jésus, le fruit de vos entrailles, est béni.

Sainte Marie, Mère de Dieu, priez pour nous pauvres pécheurs, maintenant et à l'heure de notre mort. Ainsi soit-il.

Le Symbole des Apôtres

Je crois en Dieu, le Père tout-puissant, Créateur du ciel et de la terre ; et en Jésus-Christ son Fils unique notre Seigneur ; qui a été conçu du Saint-Esprit ; est né de la Vierge Marie ; a souffert sous Ponce-Pilate ; a été crucifié, est mort, a été enseveli ; est descendu aux enfers ; le troisième jour est ressuscité d'entre les morts ; est monté aux cieux, est assis à la droite de Dieu le Père tout-puissant, d'où il viendra juger les vivants et les morts.

Je crois au Saint-Esprit ; la Sainte-Eglise catholique ; la communion des Saints ; la rémission des péchés ; la résurrection de la chair ; la vie éternelle. Ainsi soit-il.

La Confession des Péchés

Je me confesse à Dieu tout-puissant, à la bienheureuse Marie toujours Vierge, à saint Michel Archange, à saint Jean-Baptiste, aux apôtres saint Pierre et saint Paul, à tous les saints (et à vous, mon père), parce que j'ai beaucoup péché en pensées, en paroles et en œuvres, par ma faute, par ma faute, par ma très grande faute. C'est pourquoi je supplie la bienheureuse Marie, toujours Vierge, saint Michel Archange, saint Jean-Baptiste, les apôtres saint Pierre et saint Paul, et tous les Saints (et vous, mon Père), de prier pour moi le Seigneur, notre Dieu.

Que le Dieu tout-puissant nous fasse miséricorde et que, nous ayant pardonné nos péchés, il nous conduise à la vie éternelle. Ainsi soit-il.

Que le Seigneur tout-puissant et tout miséricordieux nous accorde le pardon, l'absolution et la rémission de nos péchés. Ainsi soit-il.

Recommandons-nous à Dieu, à la Sainte-Vierge et aux Saints

Bénissez, ô mon Dieu, le repos que je vais prendre pour réparer mes forces afin de vous mieux servir. Vierge sainte, Mère de mon Dieu et après lui mon unique espérance, mon bon Ange, mon saint Patron, intercédez pour moi, protégez-moi pendant cette nuit, tout le temps de ma vie, et à l'heure de ma mort. Ainsi soit-il.

Prions pour les vivants et les fidèles trépassés

Répandez, Seigneur, vos bénédictions sur mes parents, mes bienfaiteurs, mes amis et mes ennemis. Protégez tous ceux que vous m'avez donnés pour maîtres, tant spirituels que temporels. Secourez les pauvres, les prisonniers, les affligés, les voyageurs, les malades et les agonisants. Convertissez les hérétiques et éclairez les infidèles.

Dieu de bonté et de miséricorde, ayez aussi pitié des âmes des fidèles qui sont dans le purgatoire. Mettez fin à leurs peines, et donnez à celles, pour qui je suis obligé de prier, le repos et la lumière éternelle. Ainsi soit-il.

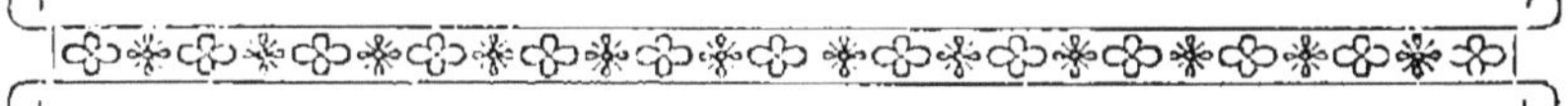

Litanies de la Très Sainte Vierge

Seigneur, ayez pitié de n.	Kyrie, eleison.
Jésus-Christ, ayez pitié de nous.	Christe, eleison.
Seigneur, ayez pitié de nous	Kyrie, eleison.
Jésus-Christ, écoutez-nous.	Christe, audi nos.
Jésus-Christ, exaucez-n.	Christe, exaudi nos.

Pater de cœlis, Deus, miserere nobis.	Dieu le Père, du haut des cieux, ayez pitié de nous.
Fili, Redemptor mundi, Deus,	Dieu, le Fils, rédempteur du monde,
Spiritus Sancte, Deus,	Dieu, le Saint-Esprit.
Sancta Trinitas, unus Deus,	Trinité sainte, qui êtes un seul Dieu.
Sancta Maria, ora pro nobis,	Sainte Marie, priez pour nous.
Sancta Dei Genitrix,	Sainte Mère de Dieu,
Sancta Virgo virginum,	Sainte Vierge des vierges,
Mater Christi,	Mère de Jésus-Christ,
Mater divinæ gratiæ,	Mère de la divine grâce,
Mater purissima,	Mère très pure,
Mater castissima,	Mère très chaste,
Mater inviolata,	Mère sans tache,
Mater intemerata,	Mère toujours vierge,
Mater amabilis,	Mère aimable,
Mater admirabilis,	Mère admirable,
Mater boni consilii,	Mère du bon conseil,
Mater Creatoris,	Mère du Créateur,
Mater Salvatoris,	Mère du Sauveur,
Virgo prudentissîma,	Vierge très prudente,
Virgo veneranda,	Vierge vénérable,
Virgo prædicanda,	Vierge digne de louanges,
Virgo potens,	Vierge puissante,
Virgo clemens,	Vierge clémente,
Virgo fidelis,	Vierge fidèle,
Speculum justitiæ,	Miroir de justice,
Sedes sapientiæ,	Trône de la sagesse,
Causa nostræ lætitiæ,	Cause de notre joie,
Vas spirituale,	Vase spirituel,
Vas honorabile,	Vase d'honneur,
Vas insigne devotionis,	Vase insigne de dévotion,
Rosa mystica,	Rose mystique,

Tour de David,	Turris Davidica,
Tour d'ivoire,	Turris eburnea,
Palais d'or,	Domus aurea,
Arche d'alliance,	Fœderis arca,
Porte du ciel,	Janua cœli,
Etoile du matin,	Stella matutina,
Santé des infirmes,	Salus infirmorum,
Refuge des pécheurs,	Refugium peccatorum,
Consolatrice des affligés,	Consolatrix afflictorum,
Secours des chrétiens,	Auxilium christianorum,
Reine des Anges,	Regina Angelorum,
Reine des Patriarches,	Regina Patriarcharum,
Reine des Prophètes,	Regina Prophetarum,
Reine des Apôtres,	Regina Apostolorum,
Reine des Martyrs,	Regina Martyrum,
Reine des Confesseurs,	Regina Confessorum,
Reine des Vierges,	Regina Virginum,
Reine de tous les Saints,	Regina Sanctorum omnium
Reine conçue sans le péché originel, priez pour nous.	Regina sine labe originali concepta, ora pro nobis.
Reine du très saint Rosaire,	Regina sacratissimi Rosarii.

Agneau de Dieu, qui effacez les péchés du monde, pardonnez-nous, Seigneur,	Agnus Dei, qui tollis peccata mundi, parce nobis, Domine.
Agneau de Dieu, qui effacez les péchés du monde, exaucez-nous, Seigneur.	Agnus Dei, qui tollis peccata mundi, exaudi nos, Domine.
Agneau de Dieu, qui effacez les péchés du monde, ayez pitié de nous.	Agnus Dei, qui tollis peccata mundi, miserere nobis.

℣. Priez pour nous, sainte Mère de Dieu. ℟. Pour nous rendre dignes des promesses de Jésus-Christ.

℣. Ora pro nobis, sancta Dei Genitrix. ℟. Ut digni efficiamur promissionibus Christi.

<table>
<tr><td>

OREMUS

Defende, quæsumus, Domine, Beatâ Mariâ semper Virgine intercedente, istam ab omni adversitate familiam,. et toto corde tibi prostratam, ab hostium propitius tuere clementer insidiis. Per Christûm Dominum nostrum.

</td><td>

PRIONS

Seigneur, défendez, s'il vous plait, de tout mal, par l'intercession de la B. Marie, toujours Vierge, cette famille qui se prosterne devant vous de tout son cœur, et délivrez-la par votre miséricorde des piéges de ses ennemis. Par J. C. N. S.

</td></tr>
</table>

Pour les âmes du Purgatoire

De profundis clamavi ad te, Domine, * Domine exaudi vocem meam.

Fiant aures tuæ intendentes,* in vocem deprecationis meæ.

Si iniquitates observaveris, Domine, * Domine, quis sustinebit?

Quia apud te propitiatio est, * et propter legem tuam sustinui te Domine.

Sustinuit anima mea in verbo ejus, * speravit anima mea in Domino.

A custodiâ matutinâ usque ad noctem, * speret Israël in Domino.

Quia apud Dominum misericordia, * et copiosa apud eum redemptio.

Et ipse redimet Israël ex omnibus iniquitatibus ejus.

Requiem æternam * dona eis, Domine.

Et lux perpetua * luceat eis.

Requiescant in pace. Amen.

OREMUS

Fidelium, Deus, omnium conditor et redemptor, animabus famulorum famularumque tuarum remissionem cunctorum tribue peccatorum : ut indulgentiam, quam semper optaverunt, piis supplicationibus consequantur. Qui vivis et regnas in sæcula sæculorum. Amen.

Prière à la Sainte Vierge

Souvenez-vous, ô très pieuse Vierge Marie, qu'on n'a jamais entendu dire qu'aucun de ceux qui ont eu recours à votre protection, imploré votre assistance et réclamé votre intercession, ait été abandonné. Animé d'une pareille confiance, ô Vierge des vierges et ma tendre mère, je cours me réfugier auprès de vous, et, gémissant sous le poids de mes fautes, je me prosterne à vos pieds. Veuillez, ô mère du Verbe, ne point mépriser mes prières, mais écoutez-les favorablement et daignez les exaucer.

Oraisons jaculatoires pour obtenir une bonne mort

Jésus, Marie, Joseph, je vous donne mon cœur, mon esprit et ma vie.

Jésus, Marie, Joseph, assistez-moi dans ma dernière agonie.

Jésus, Marie, Joseph, faites que je meure paisiblement en votre sainte compagnie.

Ind. de 300 j. ou de 100 j. chaque fois que l'on récite dévotement ces trois invocations ou l'une d'elles. *(Raccolta.)*

Prière pour les Agonisants

O très clément Jésus, rempli d'amour pour les âmes, je vous en supplie par l'agonie de votre Cœur très saint et par les douleurs de votre Mère Immaculée, purifiez dans votre sang les pécheurs du monde entier, qui sont dans ce moment à l'agonie, et qui doivent mourir aujourd'hui. Ainsi soit-il.

Cœur agonisant de Jésus, ayez pitié des mourants !

Indulg. de 100 j. chaque fois. *(Raccolta.)*

INSTRUCTIONS POUR LA CONFESSION

1) La pureté de conscience est l'une des dispositions essentielles à tout vrai pèlerinage. Un pèlerinage, d'autre part, peut offrir une occasion éminemment favorable de faire une bonne confession, qui établisse l'âme dans une paix parfaite et soit le point de départ d'une vie nouvelle et vraiment chrétienne.

2) *Si vous voulez faire une bonne confession,* il faut avant tout PRIER. *Cinq choses* vous sont en effet nécessaires, que Dieu seul peut donner : *la lumière* pour connaître vos péchés, *la douleur* ou *contrition* pour les détester, le *ferme propos* pour y renoncer, la *sincérité* pour les accuser en *confession, l'esprit de pénitence* pour les expier.

Mettez-vous donc en présence de Dieu et implorez la lumière du Saint-Esprit, l'assistance de la Vierge Immaculée (en récitant par exemple *sept Ave Maria* en l'honneur de ses sept douleurs), de votre ange gardien, de vos saints patrons. Si vous savez les demander, Dieu vous accordera les dispositions requises pour une bonne confession, comme étant nécessaires au salut.

3) *Examinez avec un soin raisonnable* votre conscience depuis la confession précédente... sur les commandements de Dieu et de l'Eglise, les vertus de foi, d'espérance et de charité, les péchés capitaux, les devoirs d'état, les occasions.

Si le souci de votre salut le demande sérieusement, faites un retour sur la vie passée, sur les confessions précédentes, le défaut d'examen, de sincérité, de contrition... sur l'usage des grâces reçues de Dieu, sur les communions.

4) *Excitez-vous à la contrition* avec plus de soin qu'à l'ordinaire, come si c'était la dernière confession de votre vie. — Il est nécessaire de détester le péché *plus que tout autre* mal, ou bien *à cause de Dieu* qui est offensé (contrition par-

faite) ou bien *à cause du mal que le péché fait à notre âme* (contrition imparfaite). — Le repentir doit nécessairement s'étendre à *tous les péchés mortels* ; aucun péché, même *véniel*, ne peut être pardonné à celui qui ne se repent pas *du fond du cœur* de l'avoir commis.

Recherchez donc comme un bien précieux entre tous, la grâce d'une vraie contrition ; *priez*, puis pensez à la *bonté de Dieu*, votre Père, que vous avez outragé, à la *Passion de Jésus-Christ* causée par vos offenses, à l'enfer mérité, au ciel perdu par vos péchés. — Souvenez-vous que le *propos ferme et sérieux* de fuir le péché et d'en éviter les occasions doit avoir la même étendue que la contrition.

5) *Confessez-vous avec humilité, avec simplicité — et surtout avec une sincère exactitude*, déposant tout sujet d'inquiétude, *comme pour mourir*. — Si vous n'avez que des fautes vénielles à accuser, veillez à assurer la validité de l'absolution par le repentir certain de quelqu'une au moins de ces fautes, ou de quelque faute de la vie passée que vous accuserez à la fin de votre confession. — Ecoutez bien les avis du confesseur et récitez avec ferveur l'acte de contrition au moment où il vous absout

6) Après la confession, remerciez Dieu avec soin, renouvelez et précisez vos résolutions, repassez dans votre esprit les avis du prêtre ; *faites au plus tôt votre pénitence.*

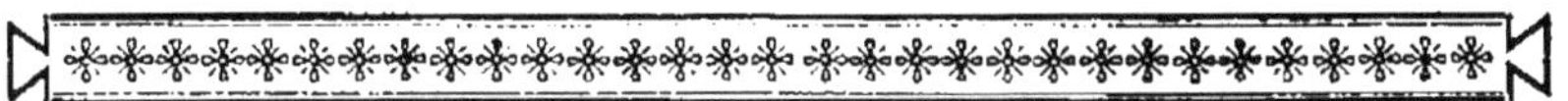

INSTRUCTIONS POUR LA COMMUNION

La communion fréquente est le grand moyen de sanctification : c'est le principe des victoires contre les tentations ; c'est l'élément de vie qui donne l'énergie et la constance dans le bien. « Si vous ne mangez la chair du Fils de l'homme et si vous ne buvez son sang, vous n'aurez pas la vie en vous ». — En pèlerinage, surtout, elle est nécessaire.

PRÉPARATION

Communier, c'est recevoir Notre-Seigneur Jésus-Christ, son corps, son sang, son âme, sa divinité, sous les espèces du pain, pour alimenter en nous la vie divine.

Il convient d'apprécier à sa valeur cet immense bienfait et de s'y préparer par plus de pureté de vie, plus de recueillement, plus de fidélité aux devoirs d'état.

Quand arrive le moment de communier, excitez dans votre âme des sentiments de foi et d'adoration, d'humilité et de contrition, d'amour et de désir.

Quel est celui qui vient ? C'est Jésus-Christ dont la parole nous répond : *Ceci est mon corps, ceci est mon sang.* C'est Jésus-Christ, immolé sur la croix, triomphant au Ciel... C'est le Verbe éternel, le Créateur et Seigneur souverain, mon Auteur et Maître absolu, mon Juge suprême... C'est le Fils de la Vierge Marie, mon Bienfaiteur, Sauveur et Ami.

Croyez et adorez. Multipliez les expressions de cette foi et de cette adoration.

A qui vient-il ? — A une âme qui l'a grandement offensé, mais qui le regrette vivement et implore humblement son pardon. — A une âme qui souffre et vient solliciter près de son Cœur adorable force et consolation. — A une âme qui n'a que trop longtemps succombé sous le poids de ses infirmités spirituelles, mais qui veut être généreuse au service de Dieu et l'aimer désormais de tout son cœur. *Seigneur, je ne suis pas digne que vous entriez dans ma maison, mais dites seulement une parole et mon âme sera guérie.*

Pourquoi vient-il ? — Pour me guérir, pour m'encourager, pour me témoigner son amour. Il va me donner tout ce qu'il a et tout ce qu'il est : sa chair pour purifier mes sens : son Cœur pour embraser mon cœur ; son âme pour éclairer mon esprit et me montrer les dangers à éviter et la voie à suivre ; sa divinité pour me transformer... A mon tour de me donner et d'aimer sans réserve.

Venez, Seigneur Jésus, venez ! je vous aime de tout mon cœur et par-dessus tout ce que j'ai de plus cher au monde ; venez dans mon cœur, délivrez-le de tous ses maux, comblez-le de vos biens et de vos grâces ; il désire ardemment vous recevoir.

ACTION DE GRACES

Jésus, mon Dieu, mon Sauveur, habite en moi ! Celui qui s'incarna dans le sein de la Vierge Marie fait un séjour dans mon cœur ! — Demeurez aussi longtemps que vous le pourrez sous cette impression. Adorez, aimez, remerciez, regardez, écoutez, demandez, donnez... C'est par excellence le temps favorable, le temps du salut.

Adoration. — Avivez votre foi. Adorez dans votre cœur et avec eux Celui que les anges y adorent comme ils l'adorent au tabernacle et au ciel. Empruntez à Marie ses sentiments ; adorez avec elle et par elle... — *Le Seigneur est avec vous.* Qu'en vous aussi et par vous Il soit béni, qu'Il soit toujours votre Seigneur, votre Tout, à qui vous apparteniez entièrement, lui obéissant en tout, ne vivant que pour sa gloire.

Remerciements. — *Que rendrai-je au Seigneur pour tous les biens qu'il m'a prodigués ?* Chantez avec Marie le *Magnificat* de la reconnaissance. Le Seigneur a regardé ma bassesse... Il a fait en moi de grandes choses... Il a rassasié de ses biens ceux qui avaient faim... Je n'ai rien et ne suis rien : que je vive du moins dans une reconnaissance continuelle des bienfaits du Seigneur.

Demande. — Jésus tout-puissant et infiniment bon veut payer largement le séjour qu'il fait dans l'hôtellerie de notre cœur. Demandez avec ardeur et confiance, par Marie et avec Marie, toutes les

grâces nécessaires pour vous et les vôtres, l'Eglise, la Patrie, les défunts..., les grâces de conversion, de vocation, victoires dans les tentations...
Ame de Jésus-Christ, sanctifiez-moi... (page 77).

OFFRANDE. — Jésus-Christ s'est donné sans réserve... Que pourriez-vous réserver ? Ah ! donnez-Lui sans retour tout ce que vous avez et tout ce que vous êtes, pensées, paroles et actions, cœur, âme et corps. Renouvelez les vœux du baptême et les promesses de la première communion. Que Jésus vous possède désormais librement et vous gouverne à son gré...
Prenez, Seigneur, recevez toute ma liberté... (page 77).

RÉSOLUTIONS. — Renouvelez vos promesses de retraite — exercices de piété, pureté, charité, devoirs d'état, zèle.
Vous emportez Dieu. Que tous le sentent à votre recueillement, à votre dévouement, à votre charité.
O Marie, ce n'est plus moi qui vivrai ; c'est Jésus qui vivra en moi. En moi, vous retrouverez un autre enfant, dévoué comme lui, aimant et généreux comme lui, cherchant à vous aimer et à vous faire aimer sur la terre, en attendant d'aller vous aimer dans le ciel. Ainsi soit-il.

Prière pour gagner l'indulgence plénière

(A réciter devant un crucifix ou une image de Jésus crucifié.)

O bon et très doux Jésus ! je me prosterne à genoux en votre présence et je vous prie et vous conjure, avec toute la ferveur de mon âme, de daigner graver dans mon cœur de vifs sentiments de Foi, d'Espérance et de Charité, un vrai repentir de mes égarements et une volonté très ferme de m'en corriger, pendant que je considère en moi-même et que je contemple en esprit vos cinq Plaies, avec une grande affection et une grande douleur, ayant devant les yeux ces paroles que le prophète David vous appliquait déjà en les met-

tant dans votre bouche, ô bon JÉSUS : *Ils ont
percé mes mains et mes pieds ; ils ont compté tous
mes os.*

Indulgence plénière *applicable aux âmes du
Purgatoire aux conditions ordinaires : confession,
communion et prière aux intentions du Souverain
Pontife* (Pie IX, 31 juillet 1858) (1).

DE LA COMMUNION SPIRITUELLE

La communion spirituelle consiste, selon saint
Thomas, en un ardent désir de recevoir Jésus-
Christ en son Sacrement, et en un embrasse-
ment affectueux, comme si on l'avait en effet déjà
reçu.

Très agréable au Seigneur, qui se plaît à récom-
penser par des grâces en quelque sorte semblables
à celles que produit la communion sacramentelle ;
constamment chère aux âmes vraiment dévotes,
elle a été, pour beaucoup d'entre elles, le principe
d'une sainteté éminente. Le saint Concile de Tren-
te la loue grandement et la recommande forte-
ment aux fidèles ; elle est très utile pour parvenir
à bien faire la communion sacramentelle.

On exhorte donc, dit saint Alphonse, tous ceux
qui désirent s'avancer dans l'amour de Jésus-

---

(1) Pour satisfaire à *l'obligation* de prier *selon les intentions du Souverain Pontife* ou *aux intentions ordinaires,*
imposée pour le gain d'une indulgence, 1° *il est nécessaire
et il suffit* de réciter des prières vocales ; 2° on s'accorde
communément à dire que cinq *Pater* et cinq *Ave* ou d'autres
prières de même longueur, suffisent pour remplir cette obligation ; 3° en général, ces prières sont au libre choix des fidèles
et peuvent être faites en n'importe quel endroit ; mais si
l'indult qui concède l'indulgence prescrit certaines prières
déterminées, celles-ci seront obligatoires ; ou bien, s'il prescrit
de visiter une église et d'y réciter certaines prières, c'est
dans l'église même qu'il faudra prier aux intentions du
Souverain Pontife.

Christ, à faire la communion spirituelle, au moins une fois à chaque visite au saint Sacrement et à chaque Messe qu'ils entendent ; et le mieux serait de la faire trois fois dans ces occasions, au commencement, au milieu et à la fin. On peut la faire sans être remarqué de personne, sans être à jeun, sans permission du Directeur, autant de fois qu'on veut et à n'importe quel moment, de jour et de nuit, à l'église ou ailleurs. *Un acte d'amour est tout ce qu'il faut pour cela.*

Si, en ayant le loisir, vous voulez procéder avec plus de méthode, formez : 1° un acte d'humble et sincère contrition de vos péchés ; 2° un acte de foi à la présence réelle ; 3° et 4° un acte fervent d'amour divin, et un désir ardent de vous unir à Jésus-Christ, l'invitant d'une manière pressante à venir se reposer spirituellement dans votre cœur.

Puis arrêtez-vous un moment, et pour augmenter votre dévotion, représentez-vous que Marie elle-même, la divine Mère de Jésus, qui en demeure toujours la dispensatrice, vient vous présenter la sainte Hostie. Vous faites alors à Jésus l'accueil le plus empressé et le plus brûlant d'amour, lui offrant les meilleurs sentiments et lui demandant ses grâces comme si vous aviez communié réellement.

Si c'est à la sainte Messe et au moment de la communion que vous avez fait ce pieux exercice, vous continuez alors, comme il est dit à la page 89, ou bien vous vous servez des instructions données plus haut pour l'action de grâces après la communion, de même que les instructions données pour la préparation à la Communion peuvent facilement s'adapter à la préparation de la communion spirituelle.

Acte pour la Communion spirituelle
proposé par Saint Alphonse

Adorable Jésus, je crois fermement que vous êtes réellement présent au Saint-Sacrement, je vous y aime par-dessus toutes choses et vous désire de toute mon âme. Puisque je ne puis vous recevoir maintenant sacramentellement, venez au moins spirituellement dans mon cœur. Je m'unis à vous, comme si vous y étiez déjà venu en effet, et je me livre tout à vous. Ah ! de votre côté, ne permettez pas que je me sépare jamais de vous.

Autres actes plus courts

Je vous vois présent, Seigneur, dans le Saint-Sacrement, je vous aime, je vous désire, venez dans mon cœur, ne vous séparez jamais de moi.

Faites, je vous en supplie, ô mon Seigneur Jésus-Christ, que mon âme soit tout absorbée par la douceur, par l'ardeur et par la force de votre amour ; afin que je meure pour l'amour de votre amour, puisque vous avez daigné mourir pour l'amour de mon amour. (*Saint-François*).

O amour, qui n'êtes point aimé ! O amour qui n'êtes point connu ! (*Sainte Mad. de Pazzi*).

O divin époux de mon âme, quand me ravirez-vous et vous rendrez-vous maître unique de mon cœur ! (*Saint-Pierre d'Alcantara*).

Jésus tout mon amour, Jésus tout mon bonheur,
De votre feu céleste embrasez tout mon cœur.
Vive l'amour de Jésus, notre vie et notre tout !
Vive Marie, notre espérance ! Ainsi soit-il.

Oraisons jaculatoires
indulgenciées en l'honneur du Saint-Sacrement

Loué et remercié soit à tout moment le très Saint et très divin Sacrement.

Indulgence de 100 jours, une fois le jour. (*Raccolta.*)

Loué, adoré, aimé et remercié soit à tous les moments le Cœur eucharistique de Jésus, dans tous les tabernacles du monde, jusqu'à la consommation des siècles. Ainsi soit-il.

Indulgence de 100 jours, une fois le jour. (*Raccolta.*)

———— ❧ ————

Litanies du Sacré-Cœur de Jésus

Kyrie, eleison. — Seigneur, ayez pitié de nous

Christe, eleison. — Jésus-Christ, ayez pitié de nous.

Kyrie, eleison. — Seigneur, ayez pitié de nous.

Christe, audi nos. — Jésus-Christ écoutez-nous.

Christe, exaudi nos. — Jésus-Christ, exaucez-nous

Pater de cœlis Deus, miserere nobis. — Père céleste qui êtes Dieu, ayez pitié de nous.

Fili, redemptor mundi Deus, — Dieu le Fils, Rédempteur du monde,

Spiritus, Sancte Deus, — Esprit-Saint, qui êtes Dieu,

Sancta Trinitas, unus Deus, — Sainte Trinité qui êtes un seul Dieu,

Cor Jesu, Filii Patris æterni, — Cœur de Jésus, Fils du Père Eternel,

Cor Jesu, in sinu Virginis Matris a Spiritu Sancto formatum, — Cœur de Jésus, formé par le Saint-Esprit dans le sein de la Vierge Marie,

Cor Jesu, Verbo Dei substantialiter unitum, — Cœur de Jésus, uni substantiellement au Verbe de Dieu,

Cor Jesu, Majestatis infinitæ, — Cœur de Jésus, d'une infinie majesté,

Cor Jesu, Templum Dei sanctum, — Cœur de Jésus, temple saint du Seigneur,

Cor Jesu Tabernaculum Altissimi, — Cœur de Jésus, tabernacle du Très-Haut,

Cor Jesu, Domus Dei et Porta Cœli, — Cœur de Jésus, maison de Dieu et porte du Ciel,

Cor Jesu, fornax ardens caritatis, — Cœur de Jésus, fournaise ardente de charité,

Cœur de Jésus, sanctuaire de la justice et de l'amour,

Cœur de Jésus, plein d'amour et de bonté,

Cœur de Jésus, abîme de toutes les vertus,

Cœur de Jésus, très digne de toutes louanges,

Cœur de Jésus, roi et centre de tous les Cœurs,

Cœur de Jésus, dans lequel sont tous les trésors de la sagesse et de la science,

Cœur de Jésus, dans lequel réside toute la plénitude de la divinité,

Cœur de Jésus, objet des complaisances du Père céleste,

Cœur de Jésus, dont la plénitude se répand sur nous.

Cœur de Jésus, le Désiré des collines éternelles,

Cœur de Jésus, patient et miséricordieux,

Cœur de Jésus, libéral pour tous ceux qui vous invoquent,

Cœur de Jésus, source de vie et de sainteté,

Cœur de Jésus, propitiation pour nos péchés,

Cœur de Jésus, rassassié d'opprobres,

Cœur de Jésus, broyé à cause de nos péchés,

Cor Jesu, justitiæ et amoris receptaculum,

Cor Jesu, bonitate et amore plenum.

Cor Jesu, virtutum omnium abyssus,

Cor Jesu, omni laude dignissimum,

Cor Jesu, rex et centrum omnium cordium,

Cor Jesu, in quo sunt omnes thesauri sapientiæ et scientiæ,

Cor Jesu, in quo habitat omnis plenitudo divinitatis,

Cor Jesu, in quo Pater sibi bene complacuit,

Cor Jesu, de cujus plenitudine omnes nos accepimus,

Cor Jesu, desiderium collium æternorum.

Cor Jesu, patiens et multæ misericordiæ,

Cor Jesu, dives in omnes qui invocant Te,

Cor Jesu, fons vitæ et sanctitatis,

Cor Jesu, propitiatio pro peccatis nostris,

Cor Jesu, saturatum opprobriis,

Cor Jesu, attritum propter scelera nostra,

Cœur de Jésus, obéissant jusqu'à la mort,

Cor Jesu, usque ad mortem obediens factum,

Cœur de Jésus, percé par la lance,

Cor Jesu, lancea perforatum,

Cœur de Jésus, source de toute consolation,

Cor Jesu, fons totius consolationis,

Cœur de Jésus, notre vie et notre résurrection,

Cor Jesu, vita et resurrectio nostra,

Cœur de Jésus, notre paix et notre réconciliation,

Cor Jesu, pax et reconciliatio nostra,

Cœur de Jésus, victime des pécheurs,

Cor Jesu, victima peccatorum,

Cœur de Jésus, salut de ceux qui espèrent en vous,

Cor Jesu, salus in te sperantium,

Cœur de Jésus, espérance de ceux qui meurent dans votre amour,

Cor Jesu, spes in te morientium,

Cœur de Jésus, délices de tous les saints, ayez pitié de nous,

Cor Jesu, deliciæ Sanctorum omnium, miserere nobis,

Agneau de Dieu, qui effacez les péchés du monde, pardonnez - nous, Seigneur,

Agnus Dei, qui tollis peccata mundi, parce nobis, Domine.

Agneau de Dieu, qui effacez les péchés du monde, exaucez-nous, Seigneur.

Agnus Dei, qui tollis peccata mundi, exaudi nos, Domine.

Agneau de Dieu, qui effacez les péchés du monde, ayez pitié de nous, Seigneur,

Agnus Dei, qui tollis peccata mundi, miserere nobis.

℣. Jésus, doux et humble de cœur.

℣. Jesu mitis et humilis corde.

℟. Rendez notre cœur semblable au vôtre.

℟. Fac cor nostrum secundum Cor tuum.

ORAISON

Dieu tout-puissant et éternel, regardez le cœur de votre Fils bien-aimé : soyez attentif aux louanges et aux satisfactions qu'il vous rend au nom des pécheurs. Apaisé par ces divins hommages, pardonnez à ceux qui implorent votre miséricorde au nom de ce même Jésus-Christ votre Fils, qui vit et règne avec vous, en l'unité du Saint-Esprit, dans les siècles des siècles. Ainsi soit-il.

OREMUS

Omnipotens sempiterne Deus, respice in Cor dilectissimi Filii tui et in laudes et satisfactiones, quas in nomine peccatorum tibi persolvit, iisque misericordiam tuam petentibus, tu veniam concede placatus, in nomine ejusdem Filii tui Jesu Christi qui tecum vivit et regnat in unitate Spiritus Sancti, Deus, per omnia sæcula sæculorum. Amen.

CONSÉCRATION

AU

SACRÉ-CŒUR DE JÉSUS

Composée par le Souverain Pontife Léon XIII

(MAI 1899)

Très doux Jésus, Rédempteur du genre humain, jetez un regard favorable sur nous, qui, très humblement, sommes prosternés au pied de votre autel. Nous sommes et nous voulons être unis par des liens plus solides, voici qu'en ce jour chacun de nous se consacre spontanément à votre très Sacré Cœur.

Beaucoup d'hommes ne vous ont jamais connu ; beaucoup vous ont méprisé en transgressant vos ordres ; ayez pitié des uns et des autres, ô très bon Jésus, et entraînez-les tous vers votre saint Cœur. Soyez, ô Seigneur, le Roi non seulement des fidèles qui ne se sont jamais éloignés de vous, mais aussi des enfants prodigues qui vous abandonnèrent. Faites que ceux-ci regagnent vite la maison çpaternelle, pour ne pas périr de misère et de faim.

Soyez le Roi de ceux que des opinions erronées ont trompés, ou qui sont séparés de l'Eglise à la suite d'un désaccord ; ramenez-les au port de la vérité et à l'unité de la foi, afin qu'il n'y ait bientôt qu'un troupeau et qu'un pasteur.

Soyez, enfin, le Roi de tous ceux qui sont plongés dans les antiques superstitions des Gentils, et ne refusez pas de les arracher aux ténèbres pour les ramener dans la lumière et le règne de Dieu. Donnez, Seigneur, à votre Eglise le salut, le calme et la liberté. Accordez à toutes les nations la paix et l'ordre, et faites que, d'une extrémité à l'autre de la terre, résonne une seule parole : Louange au divin Cœur qui nous a donné le salut ! A lui soient honneur et gloire dans tous les siècles ! Ainsi soit-il.

PRIÈRE A NOTRE-DAME DE LOURDES

Sainte Marie, Mère de Dieu, qui avez daigné apparaître à Lourdes, pour ranimer la Foi du monde et l'attirer à Votre divin Fils N.-S. Jésus-Christ ; Vous qui avez chonsi pour confidente de Vos miséricordes une humble enfant, afin de manifester plus clairement Votre tendresse maternelle et de rendre nos cœurs plus confiants ; Vous qui avez dit : *Je suis l'Immaculée Conception*, pour nous apprendre le prix infini de l'innocence, gage de l'amitié de Dieu ; Vous qui, au cours de dix-huit apparitions, n'avez cessé, par Vos actes et Vos paroles, de recommander la prière et la pénitence, seules capables de fléchir le ciel et d'éloigner les coups de sa justice ; Vous, dont le touchant appel, transmis à l'univers tout entier, a réuni devant la Grotte miraculeuse la foule innombrable de Vos enfants, ô Notre-Dame de Lourdes, nous voici prosternés à Vos pieds avec le ferme espoir d'obtenir, par Votre toute puissante intercession, les bénédictions et les grâces de Dieu.

Ceux qui vous aiment, ô Mère de Jésus-Christ, ô divine Mère des hommes, désirent, par-dessus tout, servir fidèlement Dieu en ce monde, afin d'avoir le bonheur de l'aimer éternellement dans le Ciel. Ecoutez nos ardentes supplications ; défendez-nous contre les ennemis de notre salut et contre nos propres faiblesses ; avec le pardon de nos péchés, obtenez-nous la persévérance dans la résolution de ne plus y retomber.

Nous Vous conjurons aussi de prendre sous Votre protection nos parents, nos amis, nos bienfaiteurs, et, parmi eux, d'une manière spéciale ceux qui ont délaissé la pratique de leurs devoirs de chrétiens. Puissent-ils se convertir et redevenir Vos fidèles serviteurs !

Nous Vous supplions de bénir notre patrie. Elle a beaucoup à se faire pardonner ; mais, au milieu de ses égarements, elle n'a jamais cessé de Vous proclamer, par la voix des meilleurs parmi ses enfants, sa Mère et sa Souveraine. Vous avez montré Votre amour pour la France ; nous espérons que Vous ne l'abandonnerez pas, après l'avoir prévenue de Vos faveurs et comblée de Vos bienfaits.

En épanchant notre cœur et nos prières à Vos pieds, ô Notre-Dame de Lourdes, ô Vierge Immaculée, nous ne saurions oublier que N.-S. Père le Pape, et, dans sa personne, l'Église Catholique tout entière, que Votre divin Fils l'a chargé de conduire dans les voies du salut éternel. Comme nous, il met en Vous toute sa confiance. Protégez-le, bénissez-le ! Soyez son soutien et sa consolation au milieu de ses épreuves en l'aidant à étendre le Royaume de Dieu.

O Mère de Miséricorde, soyez pour nous tous la *cause de notre joie*, en nous *montrant* et en nous donnant *Jésus-Christ*, dans cette vie et dans l'éternité. Ainsi soit-il !

Indulgence de 300 jours, une fois par jour.

PRIÈRE

DES

Malades à Notre-Dame de Lourdes

O Marie, conçue sans péché, ô Notre-Dame de Lourdes, qui attirez de toute part vos enfants vers la Grotte de vos Apparitions, Vous n'avez cessé d'encourager, par d'innombrables bienfaits, la confiance filiale de ceux qui ont répondu à votre appel. Souffrant dans mon corps et dans mon âme, je viens, après des milliers et des milliers de pauvres malades, me prosterner à vos pieds et implorer la grâce de ma guérison. Mère toute bonne et toute puissante auprès de Notre-Seigneur, faites que je sois délivré de mes infirmités et que je puisse consacrer mes forces rétablies au service de Dieu et de mes frères. Combien il me srait doux de proclamer que je dois à votre intercession le retour d'une santé qui, en attestant votre miséricorde envers moi, deviendrait peut-être, pour baucoup d'âmes un motif de conversion.

Mais je désire, par dessus tout, m'abandonner entre vos mains maternelles. Si c'est la volonté de Jésus-Christ mon divin Sauveur, à laquelle votre volonté demeure unie, que le calice de ma passion ne s'éloigne pas quant à présent, je souhaite de pouvoir dire avec résignation et avec amour, que je le veux aussi moi-même. Faites-donc pénétrer, jusqu'au fond de mon cœur, l'adhésion pleine et entière à cette consolante doctrine venue du ciel : que le Dieu de bonté nous aime infiniment, toujours et partout, mais plus spécialement, sans doute, quand il nous associe aux douleurs de Jésus-Christ et nous attache à sa croix.

O Vierge Immaculée, Notre-Dame de Lourdes, Mère d'un Dieu qui a été l'Homme de douleurs, votre divin Fils a voulu que Vous fussiez à côté de Lui sur le Calvaire, pendant qu'il souffrait et mourait pour nous. Il Vous aimait, comme un Dieu seul peut aimer sa mère, et il a voulu toutefois que votre âme fut transpercée d'un glaive de douleur, afin que votre amour pour Lui se révélât et grandit dans la communauté d'inexprimables souffrances.

Obtenez-moi cette grâce, ô Notre-Dame de Lourdes, Consolatrice des affligés, Salut des infirmes, que j'aime Dieu de plus en plus à mesure que se prolongent et s'aggravent mes épreuves. Un tel miracle est plus grand que ne le serait la soudaineté de ma parfaite guérison. Pour me rendre la santé, une parole suffirait, dite par Vous au nom et avec le pouvoir de Celui qui est votre Fils comme il est votre Dieu ; tandis que la résignation dans la souffrance, me fait accepter avec joie la maladie et son cortège de maux, je sens que c'est d'une manière éminente, l'œuvre du Très Haut. Oui, je vois, qu'il est en quelque sorte plus facile à Dieu de guérir la douleur que de la faire aimer. Mais si Vous le voulez, ma faiblesse aura pour appui une foice surnaturelle qui la rendra victorieuse et ainsi manifestera l'étendue de votre pouvoir.

Puissent les angoisses de ma maladie, sanctifiées par la soumission à la volonté divine, être unies à l'agonie de mon divin Sauveur ; puissent mes larmes, mêlées à ses larmes et à son sang, achever l'expiation de mes fautes passées et attirer des grâces de résurrection sur les pauvres âmes mourantes ou mortes par le péché. Que l'abondance de vos dons, ô mon Dieu, je Vous en supplie au nom de Votre Mère, soit accordée, en particulier, aux personnes qui me sont unies par les liens du sang ou de l'amitié. Faites que mes souffrances, en attendant qu'il Vous plaise d'y mettre un terme, ouvrent pour eux une source de bénédictions.

O Mère de douleur et Mère de miséricordieuse bonté, qui avez été debout au pied de la Croix, priez pour nous, afin que nous devenions dignes des promesses de Jésus-Christ. Ainsi soit-il.

300 jours d'indulgence.

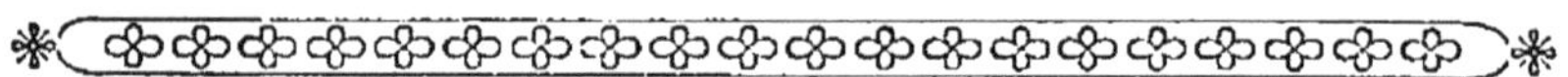

Consécration à Notre-Dame de Lourdes

(Pour Petites Filles)

O Marie, ô Vierge Immaculée, ô Notre-Dame de Lourdes, si vos apparitions dans la Grotte de Massabielle furent, en 1858, et restent depuis, par les grâces obtenues, un bienfait incomparable pour chaque fidèle, pour notre patrie et pour l'Eglise, elles sont pour nous, petites filles, notre honneur et le fondement de notre espérance.

Car, en vous manifestant à Bernadette, c'est

nous, enfants de son âge, nous toutes, petites filles de France, que vous avez particulièrement glorifiées en elle.

Mais, si vous l'avez choisie comme messagère de vos volontés et de celles de Dieu, ce ne fut ni pour l'éclat de son nom, ni pour la grâce de son corps, ni pour l'excellence de son esprit. Elle était dénuée de toutes ces qualités. Vous ne l'avez élue que pour l'innocence de sa vie, que pour la beauté surnaturelle de son âme.

Votre choix, ô Madone, ô notre Mère, nous oblige autant qu'il nous honore. Aussi bien, pour vous être agréables, imiterons-nous Bernadette. Comme elle, nous nous attacherons, moins à développer en nous les qualités extérieurs qu'à cultiver celles du cœur. Tout pour l'âme, rien, ou presque rien pour la nature.

Agenouillée à vos pieds, je vous en fais la promesse, au nom de toutes mes compagnes. Ensemble, par ma voix, nous en prenons aujourd'hui l'engagement solennel et public.

Mais en retour, nous vous en prions, nous vous en conjurons, comme vous fîtes pour Bernadette dont nous voulons retracer la vie, accordez-nous la faveur que vous avez daigné lui annoncer. Vous lui avez dit cette belle parole qui fut son soutien pendant tout le cours de son existence : « Je te promets de te rendre heureuse dans l'autre monde ». O Marie, dites-la nous également ; nous n'espérons pas moins et nous attendons autant de votre bonté. Donnez-nous, s'il vous plaît, et par surcroît, les consolations d'ici-bas ; mais réservez-nous, mais assurez-nous le bonheur du paradis.

A l'exemple de Bernadette, nous nous détacherons de ce qui passe ; comme elle nous nous consacrons à vous ; mais comme à elle promettez-nous le ciel. Ainsi soit-il.

MÉTHODE POUR SERVIR LA MESSE

Départ de la Sacristie

Le servant précède le prêtre, portant le missel (la tranche tournée du côté gauche). Il offre l'eau bénite au prêtre.

A l'autel. — Le servant fait la génuflexion avec le prêtre, dépose la barrette sur la crédence, met le missel sur le pupitre, puis se place, à genoux, sur le pavé, se tenant toujours du côté opposé au missel ouvert, n'oubliant jamais de faire la génuflexion en passant au milieu de l'autel.

Lorsque le prêtre dit : *In nomine Patris, etc.,* sonnez et faites le signe de la croix avec lui.

LE PRÊTRE. — *Introibo ad altare Dei.*

LE SERVANT. — Ad Deum qui lætificat juventutem meam.

LE PR. — *Judica me, Deus... doloso erue me.*

LE S. -- Quia tu es, Deus, fortitudo mea : quare me repulisti, et quare tristis incedo, dum affligit me inimicus ?

LE PR. — *Emitte lucem tuam... in tabernacula tua.*

LE S. — Et introibo ad altare Dei, ad Deum qui lætificat juventutem meam.

LE PR. — *Confiteor tibi... quare conturbas me ?*

LE S. — Spera in Deo, quoniam adhuc confitebor illi : salutare vultus mei, et Deus meus.

LE PR. — *Gloria Patri* (inclinez-vous avec le prêtre) *et Filio et spiritui Sancto.*

LE S. — Sicut erat in principio, et nunc et semper, et in sæcula sæculorum. Amen.

LE PR. — *Introibo ad altare Dei.*

LE S. — Ad Deum qui lætificat juventutem meam.

LE PR. — *Adjutorium* (faites le signe de croix avec le prêtre) *nostrum in nomine Domini.*

LE S. — Qui fecit cœlum et terram.

.LE PR. — *Confiteor... ad Dominum Deum nostrum.*

LE S. — Misereatur *(inclinez-vous du côté du prêtre)* tui omnipotens Deus, et dimissis peccatis tuis, perducat te ad vitam æternam.

LE PR. — *Amen.*

LE S. — Confiteor *(inclinez-vous profondément)* Deo omnipotenti, beatæ Mariæ semper Virgini, beato Michaeli Archangelo, beato Joanni Baptistæ, sanctis Apostolis Petro et Paulo, omnibus Sanctis *(inclinez-vous vers le prêtre)* et tibi, Pater, quia peccavi nimis cogitatione, verbo et opere, meâ culpâ, meâ culpâ, meâ maximâ culpâ. Ideo, precor beatam Mariam semper Virginem, beatum Michaelem Archangelum, beatum Joannem Baptistam, sanctos Apostolos Petrum et Paulum, omnes Sanctos *(inclinez-vous vers le prêtre)* et te, Pater, orare pro me ad, Dominum Deum nostrum.

LE PR. — *Misereatur...*

LE S. — Amen.

LE P. — *Indulgentiam* (faites le signe de croix)... *misericors Dominus.*

LE S. — Amen.

LE PR. — *Deus, tu conversus vivificabis nos.*

LE S. — Et plebs tua lætabitur in te.

LE PR. — *Ostende nobis, Domine, misericordiam tuam.*

LE S. — Et salutare tuum da nobis.

LE PR. — *Domine, exaudi, orationem meam.*

LE S — Et clamor meus at te veniat.

LE PR. — *Dominus vobiscum.*

LE S. — Et cum spiritu tuo.

LE PR. — *Oremus...* (relevez le bas de l'aube du prêtre, montez avec lui les degrés de l'autel, puis agenouillez-vous sur le premier degré).

Au Kyrie

LE PRÊTRE	LE SERVANT
Kyrie eleison.	Kyrie eleison.
Kyrie eleison.	Christe eleison.
Christe eleison.	Christe eleison.
Kyrie eleison.	Kyrie eleison.
Kyrie eleison.	

Après le Gloria

LE PR. — *Dominus vobiscum.* — LE S. — Et cum spiritu tuo. *(Répondez Amen après la première et la dernière oraison. Après l'épitre :* Deo gratias. *Quand le prêtre quitte le missel, changez-le de côté).*

Evangile

LE PR. — *Dominus vobiscum.* — LE S. — Et cum spiritu tuo.
LE PR. — *Sequentia Sancti Evangelii...*
LE S. — Gloria tibi Domine. *(A la fin de l'Évangile, répondez :* Laus tibi, Christe, *et mettez-vous à genoux).*

L'Offertoire

LE PR. — *Dominus vobiscum.* — LE S. — Et cum spiritu tuo.
LE PR. — *Oremus.*
LE S. — *(Levez-vous, venez avec les burettes au coin de l'autel ; offrez, après les avoir baisées, la burette du vin, puis celle de l'eau. Déposez les burettes, puis revenez au coin de l'autel, tenant la burette de l'eau de la main droite, le bassin de la gauche, le manuterge étant déployé sur le bras gauche).*
LE PR. — *Orate fratres...* — LE S. — Suscipiat Dominus sacrificium de manibus tuis, ad laudem et gloriam nominis sui, ad utilitatem quoque nostram, totiusque Ecclesiae suae sanctae.

Préface

LE PR. — *Per omnia saecula saeculorum.* — LE S. — Amen.
LE PR. — *Dominus vobiscum.* — LE S. — Et cum spiritu tuo.
LE PR. — *Sursum corda.* — LE S. — Habemus ad Dominum.
LE PR. — *Gratias agamus Domino Domino Deo nostro.*
LE S. — Dignum et justum est. *(Au Sanctus, agitez la clochette, puis allumez un troisième cierge).*

La Consécration

(Quand le prêtre étend les deux mains sur le calice, agenouillez-vous sur la plus haute marche un peu à la droite du prêtre, relevez de la main gauche le bas de la chasuble, sonnez à chaque génuflexion et un léger tintement entre deux génuflexions).

Pater

LE PR. — *Per omnia sæcula sæculorum.* — LE S. — Amen.

LE PR. — *Pater noster... Et ne nos inducas in tentationem.*

LE S. — Sed libera nos a malo.

LE P. — *Per omnia sæcula sæculorum.*

LE S. — Amen.

LE PR. — *Pax Domini sit semper vobiscum.*

LE S. — Et cum spiritu tuo.

Communion

LE S. — *(Au* Domine non sum dignus, *sonnez trois fois).*

(Si les fidèles communient, agenouillez-vous sur la deuxième marche du côté de l'épître, récitez le Confiteor. *Après la communion, prenez les burettes, montez sur le marchepied, versez lentement du vin dans le calice ; puis retirez-vous sur la deuxième marche ; de nouveau, versez le vin, puis l'eau. Prenez le voile sur l'autel, portez-le du côté de l'évangile et rapportez le livre du côté de l'épître. Eteignez le troisième cierge).*

LE PR. — *Dominus vobiscum.* — LE S. — Et cum spiritu tuo.

LE PR. — *Per omnia sæcula sæculorum.*

LE S. — Amen.

LE PR. — *Dominus vobiscum.* — LE S. — Et cum spiritu tuo.

LE PR. — *Ite missa est* ou *Benedicamus Domino.*

LE S. — Deo gratias. *(Aux Messes des Défunts, après* Requiescant in pace.. *répondez :* Amen).

LE PR. — *Benedicat vos...*

LE S. — Amen.

Dernier Evangile

LE PR. — *Dominus vobiscum...* — LE S. — Et cum spirituo tuo *(Levez-vous)*.

LE PR. — *Initium...* ou *Sequentia Sancti Evangelii...*

LE S. — Gloria tibi Domine. *(A la fin, répondez :* Deo gratias).

(Lorsque le prêtre est descendu au bas de l'autel, offrez-lui le livre des prières ; après les prières, présentez-lui la barrette, faites la génuflexion et précédez-le à la sacristie).

Prières après la Messe basse

(Prescrites par le Souverain Pontife)

Ave Maria *(ter)*.

Je vous salue, Marie *(3 fois)*.

Salve, Regina, Mater misericordiæ : vita, dulcedo et spes nostra, salve. Ad te clamamus, exules filii Evæ; ad te suspiramus, gementes et flentes in hac lacrymarum valle. Eia ergo, advocata nostra, illos tuos misericordes oculos ad nos converte ; et Jesum benedictum fructum ventris tui, nobis post hoc exilium ostende, o clemens, o pia, o dulcis Virgo Maria.

Nous vous saluons, ô Reine, Mère de miséricorde ; notre vie, notre joie et notre espérance, salut ! Enfants d'Eve, nous crions vers vous du fond de l'exil, nous soupirons vers vous, gémissant et pleurant dans cette vallée de larmes. O vous, notre avocate, tournez vers nous vos regards miséricordieux, et, après l'exil de cette vie, montrez-nous Jésus, le fruit béni de vos entrailles, ô tendre, ô aimante, ô douce Vierge Marie !

℣. Ora pro nobis, sancta Dei Genitrix.

℣. Priez pour nous, sainte Mère de Dieu.

℟. Ut digni efficiamur promissionibus Christi.

℟. Pour nous rendre dignes des promesses de Jésus-Christ.

PRIONS

O Dieu, notre refuge et notre force, regardez favorablement le peuple qui crie vers vous, et par l'in- l'intercession de la glorieuse et immaculée Vierge Marie, Mère de Dieu, par celle de saint Joseph, son époux, par celle de vos saints apôtres Pierre et Paul et de tous les Saints, écoutez avec miséricorde et bienveillance les prières que nous répandons devant vous pour la conversion des pécheurs, pour l'exaltation de notre sainte Mère l'Eglise. Par Jésus-Christ Notre Seigneur. Ainsi soit-il.

Saint Michel Archange, défendez-nous dans le combat, soyez notre secours contre la malice et les embûches du diable. Que Dieu lui commande, nous vous en supplions ; et vous, chef de la milice céleste, par la vertu divine, repoussez en enfer Satan et les autres esprits mauvais qui sont répandus dans le monde en vue de perdre les âmes. Ainsi soit-il.

OREMUS

Deus, refugium nostrum et virtus, populum ad te clamantem propitius respice ; et intercedente gloriosâ et immaculatâ Virgine Dei Genitrice Maria, cum beato Joseph ejus sponso ac beatis Apostolis tuis Petro et Paulo, et omnibus Sanctis, quas pro conversione peccatorum, pro libertate et exaltatione sanctæ Matris Ecclesiæ preces effundimus, misericors et benignus exaudi. Per eumdem Christum Dominum nostrum. Amen.

Sancte Michaël Archangele, defende nos in prælio ; contra nequitiam et insidias diaboli esto præsidium. Imperet illi Deus, supplices deprecamur ; tuque, Princeps militæ cœlestis, Satanam aliosque spiritus malignos, qui ad perditionem animarum pervagantur in mundo, divinâ virtute in infernum detrude. Amen.

300 jours d'indulgence, chaque fois que l'on récite ces prières alternativement avec le prêtre.

TROISIÈME PARTIE

LOURDES

---

§ 1. — Entre Tarbes et Lourdes

Bagages. — Dès que l'on est sorti de la gare de Tarbes, il importe de recueillir et de ranger son modeste mobilier, de boucler ses valises, en ayant soin de réduire le tout au plus petit nombre de colis.

Cantique. — Environ 20 minutes avant l'heure d'arrivée, on commence le cantique suivant :

A NOTRE-DAME DE LOURDES

Salut d'arrivée

I

Sur cette colline
Marie apparut :
Au front qu'elle incline
Rendons le salut :

Ave...

II

A l'enfant timide
Priant au vallon,
Au Gave rapide
Elle a dit son nom.

Ave...

III

L'enfant le répète,
Comme un doux écho ;
Le Gave lui prête
La voix de son flot.

Ave...

IV

La France l'écoute,
Se lève soudain,
Et se met en route,
Chantant ce refrain :

Ave...

V

La voix maternelle
Dit : Venez ici !
Le peuple fidèle
Répond : Me voici !

Ave...

VI

Un souffle de grâce
Pousse vers ce lieu,
Ce souffle qui passe
Est celui de Dieu.

Ave...

VII

C'est notre Champagne
Qui vient à son tour
Sur cette montagne
Dire son amour.

Ave...

VIII

Voici de l'Ardenne
Les nombreux enfants ;
Ils t'offrent, ò Reine
Leurs vœux et leurs
[chants.

Ave...

IX

Reçois la prière
De tes pèlerins ;
Montre-toi leur Mère,
De tous fais des saints.

Ave...

A l'arrivée, les malades s'abandonnent à la Charité des Brancardiers, qui ont reçu des instructions spéciales pour le transport à la Grotte ou à l'hôpital.

Les valides se rendront au plus tôt à la Grotte, ou dans l'église du Rosaire, ou à la Basilique pour saluer Notre-Dame.

§ 2. — Messe basse à la Grotte

On peut prendre les prières de la Messe, comme ci-dessus. Mais il est de beaucoup préférable que les pèlerins chantent et prient tous ensemble. A cet effet, on choisira parmi les prières qui suivent :

1. Une ou plusieurs dizaines de chapelet, de préférence les mystères douloureux du Rosaire, p. 116.
2. Hymne *Ave Maris stella*, p. 84.
3. *Credo*, p. 94.
4. *O Salutaris*, p. 126.
5. *Adoremus in æternum*, 3 fois, p. 127.
6. *Magnificat*, p. 109.
7. Prière ordonnée par le Souverain Pontife, p. 80.

§ 3. — Premières Vêpres de l'Apparition
(Si on doit les chanter.)

Tout comme aux secondes Vêpres, p. 103, excepté l'Hymne, qui est la suivante :

AVE MARIS STELLA

Sumens illud Ave
Gabrielis ore,
Funda nos in pace,
Mutans Evæ nomen.

Solve vincla reis,
Profer lumen cœcis,
Mala nostra pelle,
Bona cuncta posce.

Monstra te esse Matrem,
Sumat per te preces,
Qui pro nobis natus
Tulit esse tuus.

Virgo singularis,
Inter omnes mitis,
Nos, culpis solutos,
Mites fac et castos.

Vitam præsta puram,
Iter para tutum,
Ut videntes Jesum
Semper collætemur.

Sit laus Deo Patri,
Summo Christo decus,
Spiritui sancto,
Tribus honor unus.

Après la dernière strophe :

§ 4. — Messe solennelle
de l'Apparition de N.-D. de Lourdes

INTROÏT.

et Spi - ri - tu - i san - cto. * Si - cut e - rat in
prin - ci - pi - o et nunc et sem - per, et in
sæ - cu - la sæ - cu - lo - rum. A - men.

KYRIE.

Ky - ri - e   e -
3 fois.
le- i - son. Christe
3 fois.
e - le - i - son. Ky - ri - e
2 fois.
e - le - i - son. Ky - ri - e
e - le - i - son.

GLORIA IN EXCELSIS DEO.

COLLECTE

O Dieu, qui par l'immaculée Conception de la Vierge avez préparé à votre Fils une demeure digne de lui : accordez-nous, nous vous en sup-

Deus, qui per Immaculatam Virginis Conceptionem dignum Filio tuo habitaculum præparasti : supplices a te quæsumus, ut ejusdem Virginis Apparitionem celebrantes, salutem mentis et corporis consequamur.Per eumden.

plions, d'obtenir, en célébrant l'Apparition de la même Vierge, le salut de l'âme et du corps. Par le même.

ÉPITRE

Lectio libri Apocalypsis beati Joannis Apostoli. *(Apoc.* XI, 19; XII, 1, 10).

Apertum est templum Dei in cœlo : et visa est arca testamenti ejus in templo ejus, et facta sunt fulgura, et voces, et terræ motus, et grando magna. Et signum magnum apparuit in cœlo : Mulier amicta sole, et luna sub pedibus ejus, et in capite ejus corona stellarum duodecim. Et audivi vocem magnam in cœlo dicentem : Nunc facta est salus et virtus et regnum Dei nostri et potestas Christi ejus.

Lecture du livre de l'Apocalypse du bienheureux Apôtre Jean.

Le temple de Dieu s'ouvrit dans le ciel, et l'on vit l'arche de son alliance dans son temple, et il se fit des éclairs et des voix, et un tremblement de terre, et une grêle effroyable. Et un grand prodige parut dans le ciel : une femme revêtue du soleil, ayant la lune sous ses pieds et sur sa tête une couronne de douze étoiles. Et j'entendis une grande voix dans le ciel disant : Maintenant ont été établis le salut et la force et le royaume de notre Dieu et la puissance de son Christ.

GRADUEL

o - nis ad - ve - - nit, vox tur-tu - ris
au - di - ta est in ter - ra
no-stra.
℣. Sur-ge,
a - mi - ca me - a, spe - ci-
o - sa me - a,
et ve - - - - - ni:
co - lumba me - a in fo-ra-

mi - ni - bus pe - - - træ,
in ca - ver - na ma-ce - ri - æ.
3
M.
Al -le - lu - - ia. * ij.
ỹ Os-ten - de
mi - hi
fa - ci - em tu -
- am, so - - net vox tu - a
in au - ri-bus me - - - is: Vox e-

ÉVANGILE

† Suite du saint Evangile selon saint Luc.

† Sequentia sancti Evangelii secundum Lucam. (*Luc,* 1.)

En ce temps-là, l'ange Gabriel fut envoyé de Dieu dans une ville de Galilée nommée Nazareth, vers une Vierge mariée à un homme de la maison de David, qui s'appelait Joseph. Le nom de la Vierge était Marie. Etant donc entré où elle était, l'Ange lui dit : Je vous salue, pleine de grâce ; le Seigneur est avec vous ; vous êtes bénie entre toutes les femmes. Marie, l'ayant entendue, fut troublée de ses paroles, et elle se demandait en elle-même ce que pouvait être une semblable salutation. Aussitôt l'Ange lui dit : N'ayez

In illo tempore : Missus est Angelus Gabriel a Deo in civitatem Galileæ, cui nomen Nazareth, ad Virginem desponsatam viro cui nomen erat Joseph, de domo David, et nomen virginis Maria. Et ingressus Angelus ad eam dixit : Ave, gratia plena ; Dominus tecum : benedicta tu in mulieribus. Quæ cum audisset, turbata est in sermone ejus, et cogitabat qualis esset ista salutatio. Et ait Angelus ei : Ne timeas, Maria invenisti enim gratiam apud Deum : ecce concipies in utero, et pa-

ries filium, et vocabis nomen ejus Jesum.

nulle crainte, Marie, car
vous avez trouvé grâce devant Dieu. Voici que vous
concevrez en votre sein et
enfanterez un fils et vous
l'appellerez du nom de
Jésus.

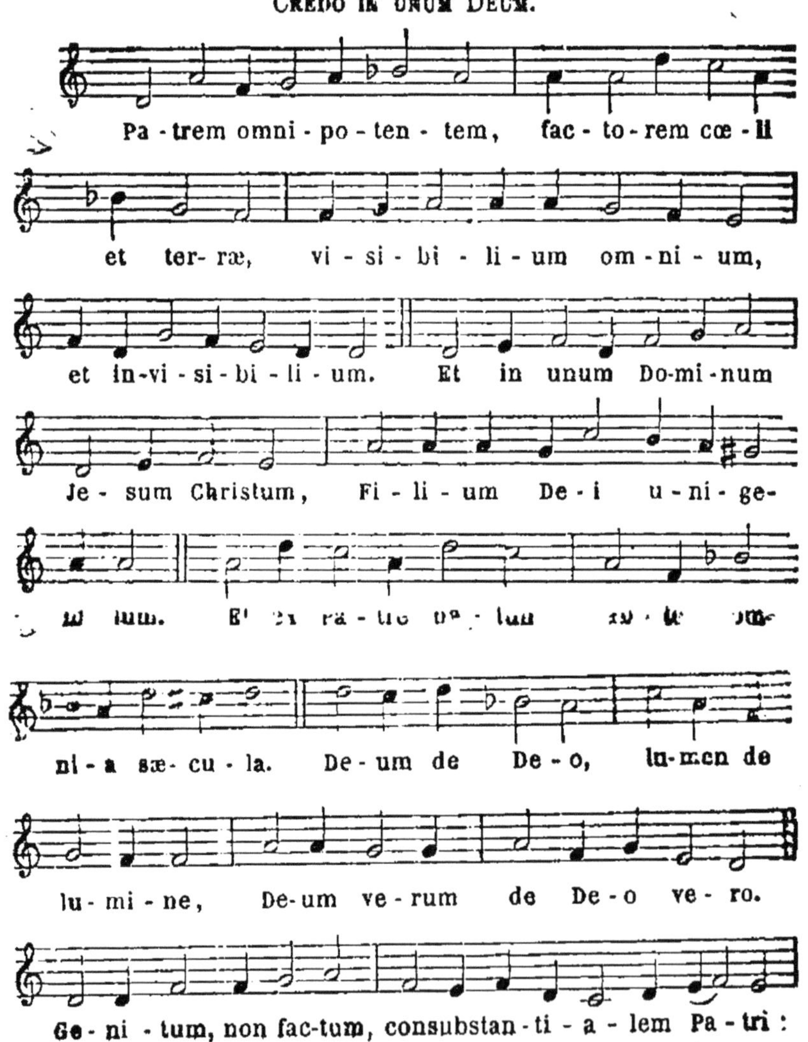

per quem omni - a fac - ta sunt. Qui pro - pter nos
ho - mi - nes, et pro-pter nostram sa - lu - tem descen-dit
de cœ - lis. Et in - car - na - tus est
de Spi - ri - tu Sancto, ex Ma - ri - a Vir-gi - ne:
Et homo fac - tus est. Cru - ci - fix - us e - ti-
am pro no - bis sub Pon-ti - o Pi - la - to, pas-sus
et se - pul - tus est. Et re sur - re - xit
ter - ti - a di - e se-cun-dum Scri-ptu - ras. Et
as cen-dit in cœ - lum, se - det ad dex - te - ram
Pa - tris. Et i - te-rum ven-tu-rus est cum glori- s

ju - di - ca - re vi - vos et mor-tu - os : cujus re - gni
non e -rit fi - nis. Et in Spi - ri - tum Sanctum Dominum,
et vi - vi - fi - can - tem, qui ex Pa - tre Fi - li - o-que
pro-ce - dit. Qui cum Pa -tre et Fi - li - o si - mul
a - do - ra - tur et conglo - ri - fi - ca - tur : qui lo-
cu - tus est per Prophe - tas. Et unam Sanc- tam Catho-
li - cam, et A - pos-to - li - cam Ec - cle - si - am.
Con - fi - te - or u- nam Ba - ptisma in remissi - o - nem
pec - ca - to - rum. Et ex-pe-cto re-sur-re-cti - o - nem
mor-tu - o - rum. Et vi - tam ven-tu - ri sæ-cu - li.

SECRÈTE

Hostia laudis, quam tibi, Domine, per merita gloriosæ et immaculatæ Virginis offerimus, sit tibi in odorem suavitatis et nobis optatam conferat corporis et animæ sanitatem. Per Dominum.

Que l'hostie de louange dont nous vous faisons, Seigneur, l'oblation, par les mérites de la glorieuse et immaculée Vierge, vous soit à vous en odeur de suavité, et nous confère, à nous, la santé du corps et de l'âme, objet de nos vœux. Par N. S.

7

PRÉFACE DE LA SAINTE VIERGE

℣. Per omnia sæcula sæculorum. ℟. Amen.

℣. Dominus vobiscum. ℟. Et cum spiritu tuo.

℣. Sursum corda. ℟. Habemus ad domi-num.

℣. Gratias agamus Domino Deo nostro. ℟. Dignum et justum est.

℣. Dans tous les siècles des siècles. ℟. Ainsi soit-il.

℣. Le Seigneur soit avec vous. ℟. Et avec votre esprit.

℣. Elevez vos cœurs. ℟. Nous les avons vers le Seigneur.

℣. Rendons grâces au Seigneur notre Dieu. ℟. Cela est juste et raisonnable.

Il est véritablement juste et raisonnable, il est équitable et salutaire de vous rendre grâce en tout temps et en tout lieu, Seigneur saint, Père tout-puissant, Dieu éternel, de vous louer, vous bénir et vous glorifier en cette fête de la Conception immaculée de la bienheureuse Marie toujours Vierge qui, après avoir conçu votre Fils unique par l'opération du Saint-Esprit, a mis au monde, sans détriment de sa virginité, la lumière éternelle J.-C. N.-S. C'est par lui que les Dominations l'adorent, que les puissances le révèrent en tremblant, et que les Cieux, les Vertus des cieux et les bienheureux Séraphins célèbrent ensemble votre gloire avec des transports de joie. Nous vous prions de permettre que nous unissions nos voix à celles de ces Esprits bienheureux pour chanter avec eux humblement prosternés :

SANCTUS.

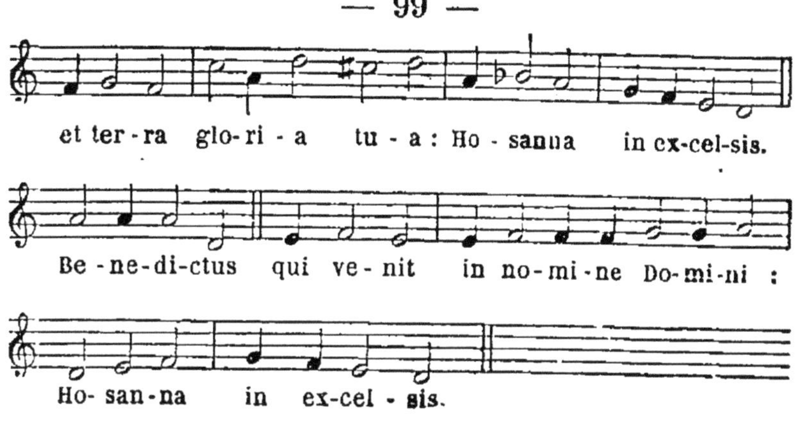

et ter - ra glo - ri - a tu - a : Ho - sanna in ex-cel-sis.
Be - ne - di - ctus qui ve - nit in no - mi - ne Do - mi - ni :
Ho - san - na in ex-cel - sis.

Agnus Dei.

Ag - nus De - i, qui tol -lis pec - ca - ta mun-di,
mi - se - re - re no - bis . Ag-nus De - i, qui tol -lis
pec - ca - ta mun-di, mi - se - re - re no - bis.

Comm.
1 M.
Vi - si - ta-sti ter - ram * et in - e - bri - a - sti
e - am, mul - ti - pli - ca-sti * lo -
cu - ple - ta - re e - am.

POSTCOMMUNION

Quos cœlesti, Domine, alimento satiasti, sublevet dextera Genitricis tuæ Immaculatæ, ut ad æternam patriam, ipsa adjuvante, pervenire mereamur : Qui vivis.

Que la droite de votre Mère Immaculée, Seigneur, soutienne ceux que vous avez rassasiés de l'aliment céleste, afin que, par son aide, nous méritions d'arriver à l'éternelle patrie : Vous qui vivez.

§ 5. — Messe de la Nativité de la T. S. Vierge

Nous nous trouvons chaque année à Lourdes le 8 septembre. Conformément aux règles liturgiques, ce jour-là, la Messe chantée est rigoureusement de la Fête de la Nativité de la Très Sainte Vierge. Nous donnons ici la notation des parties de la Messe qui doivent être chantées ; le reste peut être suppléé par l'orgue. L'ordinaire de la Messe, c'est-à-dire le Kyrie, le Gloria, etc. se prend comme à la Messe solennelle de l'Apparition, p. 86.

Nativité de la Sainte Vierge.

8 septembre.

Si - cut e - rat in prin-ci - pi - o et nunc et sem - per,
et in sæ - cu - la sæ-cu - lo - rum. A - men.
8
M.
Al - le - lu - ia * ij.
℣ Fe - lix es, sa - cra
Vir - go Ma - ri - a, et om - ni
lau- de
di - gnis-si - ma: qui - a ex te or - - de

Deuxièmes Vêpres de l'Apparition.

PSAUME 106

Dixit Dominus Domino meo : * sede a dextris meis.

Donec ponam inimicos tuos, * scabellum pedum tuorum.

Virgam virtutis tuæ emittet dominus ex Sion ; dominare in medio inimicorum tuorum.

Tecum principium in die virtutis tuæ in splendoribus sanctorum : * ex utero ante luciferum genui te.

Juravit Dominus et non pœnitebit eum : * Tu es sacerdos in æternum, secundum ordinem Melchisedech.

Dominus a dextris tuis, * confregit in die iræ suæ reges.

Judicabit in nationibus, implebit ruinas : * conquassabit capita in terra multorum.

De torrente in via bibet : * propterea exaltabit caput.

Gloria Patri...

PSAUME 112

Laudate, pueri, Dominum : * laudate nomen Domini.

Sit nomen Domini benedictum, * ex hoc nunc et usque in sæculum.

A solis ortu usque ad occasum * laudabile nomen Domini.

Excelsus super omnes gentes Dominus, * et super cœlos gloria ejus.

Qui sicut Dominus Deus noster qui in altis habitat, * et humilia respicii in cœlo et in terra.

Suscitans a terra inopem, * et de stercore erigens pauperem.

Ut collocet eum cum principibus, * cum principibus populi sui.

Qui habitare facit sterilem in domo, * matrem filiorum lætantem.

Gloria Patri...

PSAUME 121

Lætatus sum in his quæ dicta sunt mihi : * In domum Domini ibimus.

Stantes erant pedes nostri * in atriis tuis, Jerusalem.

Jerusalem, quæ ædificatur ut civitas : * cujus participatio ejus in idipsum.

Illuc enim ascenderunt tribus, tribus Domini : * testimonium Israel ad confitendum nomini Domini.

Quia illic sederunt sedes in judicio * sedes super domum David.

Rogate quæ ad pacem sunt Jerusalem * et abundantia diligentibus te.

Fiat pax in virtute tua, et abundantia in turribus tuis.

Propter fratres meos et proximos meos, * loquebar pacem de te.

Propter domum Domini Dei nostri, * quæsivi bona tibi.

Gloria Patri...

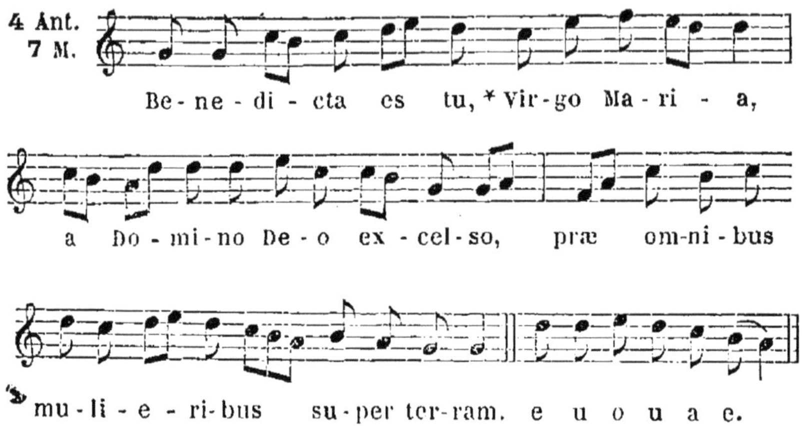

PSAUME 126

Nisi Dominus ædificaverit domum, * in vanum laboraverunt qui ædificant eam.

Nisi Dominus custodierit civitatem : * frustra vigilat qui custodit eam.

Vanum est vobis ante lucem surgere ; * surgite postquam sederitis, qui manducatis panem doloris.

Cum dederit dilectis suis somnum, * ecce hæreditas Domini, filii : merces, fructus ventris.

Sicut sagittæ in manu potentis ; ita filii excussorum.

Beatus vir qui implevit desiderium suum ex ipsis, * non confundetur cum loquetur inimicis suis in porta.

Gloria Patri...

PSAUME 147

Lauda Jerusalem, Dominum : * lauda Deum tuum, Sion.

Quoniam confortavit seras portarum tuarum : * benedixit filiis tuis in te.

Qui posuit fines tuos, pacem, * et adipe frumenti satiat te.

Qui emittit eloquium suum terræ, * velociter currit sermo ejus.

Qui dat nivem sicut lanam. * nebulam sicut sinerem spargit.

Mittit crystallum suam sicut buccellas : * ante faciem frigoris ejus quis sustinebit ?

Emittet verbum suum et liquefaciet ea : * flabit spiritus ejus, et fluent aquæ.

Qui annuntiat verbum suum Jacob, * justitias et judicia sua Israel.

Non fecit taliter omni nationi, * et judicia sua non manifestavit eis.

Gloria Patri.

CAPITULE. — Surge, amica mea, speciosa mea, et veni, columba mea, in foraminibus petræ, in caverna maceriæ, ostende mihi faciem tuam, sonet vox tua in auribus meis. ℟. Deo gratias.

Hymne.

2. Ipsa se præbens humili puellæ
Virgo spectandam, recreat paventem,
Seque conceptam sine labe sancto
Prædicat ore.

3. O specus felix, decorate divæ
Matris aspectu! Veneranda rupes,
Unde vitales scatuere pleno
Gurgite lymphæ.

4 Huc catervatim pia turba nostris,
Huc ab externis peregrina terris
Affluit supplex, et opem potentis
Virginis orat.

5. Excipit Mater lacrymas precantum,
Donat optatam miseris salutem :
Compos hinc voti patrias ad oras
Turba revertit.

6. Supplicum, Virgo, miserata casus,
Semper o nostros refove labores,
Impetrans mœstis bona sempiternæ
Gaudia vitæ.

7. Sit decus Patri, genitæque Proli,
Et tibi compar utriusque virtus,
Spiritus semper, Deus unus, omni
Temporis ævo.
Amen.

℣. Dignare me laudare te, Virgo sacrata.
℟. Da mihi virtutem contra hostes tuos.

A Magnificat.

Canticum B. M. V. — *Luc,* I

Magnificat * anima mea Dominum :

Et exsultavit s p i r i t u s meus * in Deo salutari meo.

Quia respexit humilitatem ancillæ suæ : * ecce enim ex hoc beatam me dicent omnes generationes.

Quia fecit mihi magna qui potens est, * et sanctum nomen ejus.

Et misericordia ejus a progenie in progenies * timentibus eum.

Fecit potentiam in brachio suo : * dispersit superbos mente cordis sui.

Deposuit potentes de sede, et exaltavit humiles.

Esurientes implevit bonis, * et divites dimisit inanes.

Suscepit Israël puerum suum, * recordatus misericordiæ suæ.

Sicut locutus est ad patres nostros, * Abraham et semini ejus in secula.

Gloria Patri, etc.

OREMUS. — Deus, qui per Immaculatam Virginis Conceptionem dignum Filio tuo habitaculum præparasti : supplices a te quæsumus, ut ejusdem Virginis apparitionem celebrantes, salutem mentis et corporis consequamur. *Per eumdem...*

ANTIENNE A LA SAINTE VIERGE : *Salve Regina.*

℣. Ora pro nobis, sancta Dei Genitrix,

℞. Ut digni efficiamur promissionibus Christi.

OREMUS.

Omnipotens sempiterne Deus, qui gloriosæ Virginis Matris Mariæ corpus et animam, ut dignum Filii tui habitaculum effici mereretur, Spiritu sancto cooperante, præparasti : da, ut cujus commemoratione lætamur, ejus pia intercessione ab instantibus malis, et a morte perpetua liberemur. Per eumdem Christum Dominum nostrum.

℞. Amen.

℣. Divinum auxilium maneat semper nobiscum. Amen

Ensuite, on chante le Salut du Très Saint-Sacrement.

Les pèlerins sont invités à sortir en Procession, **au chant** des Litanies de la Très Sainte Vierge.

Litanies de la Très Sainte Vierge.

(Mélodie des Montagnards de Lourdes)

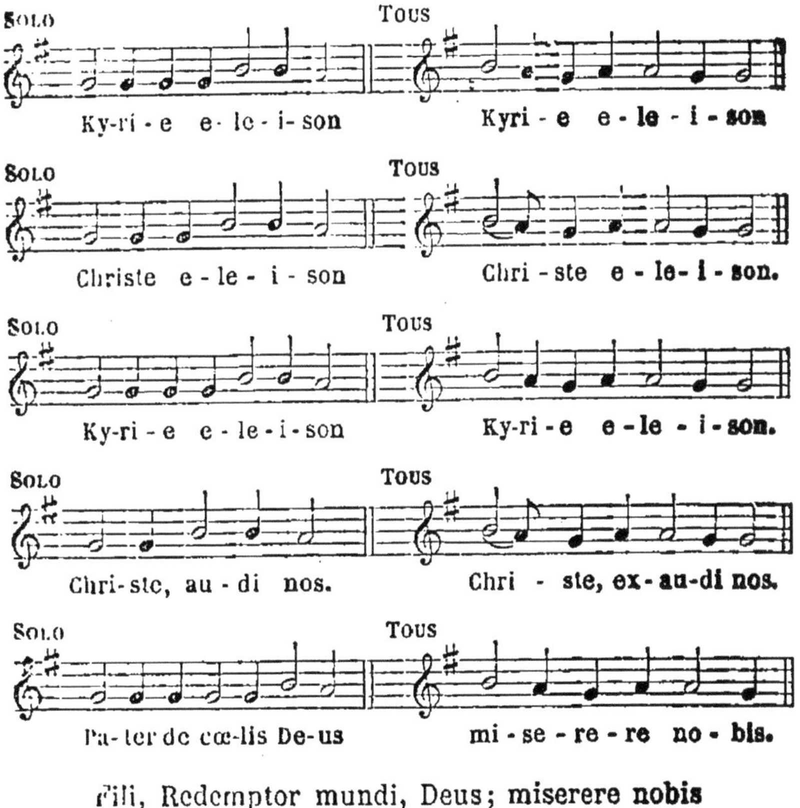

Fili, Redemptor mundi, Deus; miserere **nobis**
Spiritus Sancte, Deus; miserere nobis
Sancta Trinitas, unus Deus; miserere **nobis.**

Sancta Dei Genitrix.
Sancta Virgo virginum,
Mater Christi,
Mater Divinæ gratiæ,
Mater purissima.
Mater castissima.
Mater inviolata,
Mater intemerata,
Mater amabilis,
Mater admirabilis,
Mater boni consilii.
Mater Creatoris,
Mater Salvatoris,
Virgo prudentissima,
Virgo prædicanda,
Virgo potens,
Virgo clemens,
Virgo fidelis,
Speculum justitiæ,
Sedes sapientiæ,
Causa nostræ lætitiæ,
Vas spirituale,
Vas honorabile,
Vas insigne devotionis,
Rosa mystica,
Turris Davidica,
Turris eburnea,
Domus aurea,
Fœderis arca,

Janua cœli,
Stella matutina,
Salus infirmorum,
Refugium peccatorum,
Consolatrix afflictorum,
Auxilium Christianorum,
Regina Angelorum,
Regina Prophetarum,
Regina Apostolorum,
Regina Martyrum,
Regina Confessorum,
Regina Virginum,
Regina Sanctorum omnium, ora pro nobis.
Regina sine labe originali concepta, ora pro nobis.
Regina sacratissimi Rosarii, ora pro nobis,
Agnus Dei, qui tollis peccata mundi, parce nobis, Domine.
Agnus Dei, qui tollis peccata mundi, exaudi nos, Domine.
Agnus Dei, qui tollis peccata mundi, miserere nobis.

℣. Ora pro nobis, sancta Dei Genitrix,
℟. Ut digni efficiamur promissionibus Christi.

OREMUS.

Defende, quæsumus, Domine, Beata Maria semper virgine intercedente, istam ab omni adversitate familiam et toto corde tibi prostratam, ab hostium propitius tuere clementer insidiis. Per Christum Dominum nostrum.

Invocation.

(300 jours d'indulgences chaque fois.)

7. § — Prières à la Grotte et aux Piscines

Le directeur de la prière indiquera lui-même aux pèlerins les chants et prières qu'il faut choisir. Voici les plus usités :

Le Rosaire, ci-après, p. 114.

Ave, Maris Stella, p. 84.

Les Litanies de la Très Sainte Vierge, ci-dessus, p. 111.

Miserere mei, Deus... Parce Domine... p. 144.

Cantiques en l'honneur de N.-D. de Lourdes.

Invocations : Notre-Dame de Lourdes ;

Salut des infirmes ;
Santé des malades, etc.

Le Saint Rosaire

Le Rosaire est une admirable dévotion inspirée par la Très Sainte Vierge à saint Dominique, au commencement du XIIIe siècle.

Cette dévotion consiste à réciter quinze dizaines d'*Ave Maria*, chacune précédée d'un *Pater* et suivie d'un *Gloria Patri*, en joignant à cette récitation la méditation des quinze principaux mystères de la vie de Jésus et de Marie.

Les quinze dizaines du Rosaire sont divisées en trois séries ou *Chapelets*, composés chacun de cinq dizaines, auxquelles correspondent cinq des principaux mystères de notre foi.

On ne peut pas substituer à la méditation de ces quinze mystères des considérations sur d'autres sujets pieux qui ne s'y rattachent pas directement (S. Cong. Ind. 13 août 1726.)

Manière de le réciter. — 1º Dans la récitation du saint Rosaire, chaque dizaine doit rappeler au moins par une brève formule, le souvenir du mystère qu'elle a pour but d'honorer.

2º Il est bon et utile de joindre à chacune d'elles, quand cela est possible, une intention spéciale de prières.

3º On peut aussi, si les circonstances s'y prêtent, faire précéder chaque dizaine d'un ou de plusieurs couplets de cantique.

C'est d'après cette méthode qu'est formulé l'exercice suivant, à l'usage des pèlerins de Notre-Dame de Lourdes.

I

Mystères Joyeux

Intention générale de la première partie du Rosaire :
l'Eglise et le Pape

1er *Mystère joyeux : L'annonciation*

Fruit du mystère : L'humilité.

Sur l'air du cantique *Ave, Ave, Maria*

Gabriel *l'annonce*	Mère je réclame
Dieu naîtra de toi.	Ton pieux secours,
Humble est ta réponse,	Assure à mon âme
Ardente est ta foi.	D'être *humble* toujours.

Saluons, avec l'Ange, Marie et sa pureté sans tache.

Prions pour l'exaltation de Notre Sainte Mère l'Eglise, contre laquelle, malgré toutes les épreuves, les portes de l'enfer ne prévaudront jamais.

Récitation de la dizaine.

2e *Mystère joyeux : La Visitation*

Fruit du mystère : La charité.

Par le ciel conduite
Loin de Nazareth,
La Vierge *visite*
Sainte Elisabeth.

Soyons *charitables*,
Pour notre prochain ;
Des vertus aimables
Suivons le chemin.

La charité de Marie ne recule devant aucun sacrifice.

Prions pour le Souverain Pontife, vicaire de Jésus-Christ, chargé par lui de régir et gouverner son Eglise sur la terre !

3e *Mystère joyeux. — La Nativité de N. S.*

Fruit du mystère : L'esprit de pauvreté.

Il a daigné *naître*,
Le Dieu tout puissant.
Ton Souverain Maître
S'est fait ton enfant.

L'indigente crèche,
Berceau du Seigneur,
O chrétien, te prêche :
Sois *pauvre en ton cœur*.

La maternité divine met le sceau aux gloires de Marie.

Que Dieu accorde aux peuples chrétiens la paix, la tranquillité de l'ordre promise à la naissance du Sauveur.

4e *Mystère joyeux. — La Purification*

Fruit du mystère : La pureté et l'obéissance.

Elle se *présente*,
Docile au saint lieu,
Et sa main tremblante
Offre l'Enfant-Dieu.

Douce *obéissance*,
Douce *pureté*,
Que par vous j'avance
Dans la sainteté.

Marie se soumet aux prescriptions d'une loi qui n'était pas faite pour elle.

Prions pour l'extirpation des hérésies ; que l'humilité de Marie triomphe de leur orgueil !

5ᵉ *Mystère joyeux. — Jésus retrouvé*

Fruit du mystère : La recherche de Jésus.

Pour donner l'exemple
A tous les élus,
Elle vient au temple
Recouvrer Jésus.

Qui de nous comme elle
Cherche le Sauveur,
Sagesse éternelle,
Unique bonheur ?

Quel bonheur pour Marie de revoir Jésus qu'elle retrouve dans le temple.

Prions pour la conversion des pécheurs. Que Marie, leur refuge, incline vers eux le Cœur de Jésus son divin Fils.

II

Mystères douloureux

Intention générale de la deuxième partie du Rosaire :
Le diocèse de Reims.

1ᵉʳ *Mystère douloureux. — L'agonie de N. S.*

Fruit du mystère : La contrition.

Dans son *agonie*
Au jardin sanglant,
Comme il s'humilie
Ton fils innocent !

Mon péché l'accable
De son poids maudit,
Et moi, le coupable,
Moi, je suis *contrit*.

Au jardin de Gethsémani, Jésus souffrant ne demande à son Père que l'accomplissement de sa volonté sainte.

Prions pour Monseigneur l'Archevêque de Reims, successeur de tant de saints et illustres prélats, guide et père de nos âmes.

2ᵉ *Mystère douloureux. — La Flagellation*

Fruit du mystère : La mortification des sens.

L'homme-Dieu chancelle
Au cruel poteau ;
Sa chair, qu'on flagelle,
Tombe par lambeau.

O Sainte-Marie !
Tu nous obtiendras
Que Dieu *mortifie*
Nos sens ici-bas.

L'acharnement des bourreaux est surpassé par la patience de la divine victime.

Prions pour les prêtres de notre diocèse ; que Dieu multiplie les fruits de leur dévouement et bénisse toujours leur saint Ministère.

3e *Mystère douloureux : Le couronnement d'épines*

Fruit du mystère : Le mépris du monde.

La Vierge frissonne :
Son fils porte au front,
Horrible *couronne*,
L'épine et l'affront.

Pour toi, pour ta gloire,
Nos cœurs, nos esprits,
Monde dérisoire,
N'ont que du *mépris*.

O Jésus ! malgré la dérision de vos ennemis, vous êtes notre Roi... Le Christ commande, il règne, il est vainqueur.

Prions pour nos Religieux et Religieuses. Puissions-nous voir la vie monastique prospérer toujours dans notre diocèse !

4e *Mystère douloureux. — Jésus porte sa croix*

Fruit du mystère : La patience.

Il monte au Calvaire
En portant sa croix,
Et, devant sa Mère,
Il tombe trois fois.

O *Croix* ! O souffrance,
O fardeau sacré,
Avec *patience*,
Je vous porterai.

Nos péchés vous sont un fardeau plus lourd encore, ô Jésus. Et vous l'avez accepté pour nous sauver.

Prions pour les fidèles chrétiens de notre diocèse, pour tant d'âmes ravagées autour de nous par l'indifférence religieuse et l'oubli de Dieu.

5e *Mystère douloureux. — Le crucifiement*

Fruit du mystère : La persévérance.

L'homme *crucifie*
Ton fils bien-aimé,
O Vierge Marie !
Tout est consommé.

Au nom du Calvaire
Et du Rédempteur,
Juste *persévère*,
Repens-toi, *pécheur*.

Salut, ô Croix, notre unique espérance !

Prions pour les écoles et œuvres catholiques fondées

parmi nous, pour nos institutions diocésaines. Qu'elles grandissent à l'ombre de la Croix, comme un gage consolant de l'avenir.

III

Mystères glorieux

Intention générale de la troisième partie du Rosaire :
Le pèlerin et les siens ; les malades du Pèlerinage:

1er Mystère glorieux. — La résurrection de N.-S.

Fruit du mystère : La résurrection spirituelle.

La mort, interdite,
Recule d'effroi ;
Vierge, il *ressuscite*
Ton Fils et ton Roi.

Que Dieu nous *délivre*,
Du péché mortel ;
Qu'il nous fasse *vivre*
Comme on vit au ciel.

La résurrection de Jésus est le gage de celle qui nous attend après le pèlerinage de cette vie.

Que le pèlerin prie pour ses parents vivants, pour les malades, et demande pour eux les grâces dont ils ont besoin.

2e Mystère glorieux. — L'ascension

Fruit du mystère : Le désir du ciel.

Monte vers ton Père,
Vainqueur éternel,
O Jésus, mon frère,
Ouvre-moi le ciel.

Du ciel, leur patrie,
Que tous les chrétiens,
Grâce à toi, Marie,
Désirent les biens.

Le Ciel en est le prix.

Le pèlerin supplie Notre-Seigneur de recevoir avec lui dans le Ciel ses parents défunts.

3e Mystère glorieux. — La venue du Saint-Esprit

Fruit du mystère : Les dons du Saint-Esprit.

Sur l'heureux Cénacle
Tel qu'un feu brûlant,
O joie, ô miracle,
L'Esprit-Saint *descend.*

Qu'en notre âme il vienne
Nous l'en conjurons,
Que Marie obtienne
Pour nous les *Sept dons.*

Dieu envoie son esprit pour enflammer de zèle tous les cœurs et renouveler la face de la terre.

Le pèlerin prie pour ses bienfaiteurs, ses amis, ceux qui dépendent de lui, et aussi pour tous ceux qui se sont recommandés à ses prières.

4e Mystère glorieux.
L'Assomption de la Sainte Vierge.

Fruit du mystère : La grâce d'une bonne mort.

Portez sur vos ailes,
Portez au saint lieu,
Archanges fidèles,
La Mère de Dieu.

Aimons de Marie
Le *culte* pieux ;
Heureux qui la prie :
A lui sont les cieux.

La Vierge Marie est élevée dans le Ciel en corps et âme, par la vertu de son divin Fils.

Le pèlerin confie au cœur divin de Marie tous ses besoins et ses intérêts temporels.

5e Mystère glorieux. — Le couronnement
de Marie dans le Ciel.

Fruit du mystère : La confiance en Marie.

Dieu te donne un trône
Tout près de Jésus,
Sa main te *couronne,*
Reine des élus !

O *persévérance,*
O Don précieux,
Viens en nous:commence
La gloire des cieux.

Fille du Père éternel, Mère du Verbe fait chair, épouse du Saint-Esprit, Marie est la Reine du ciel comme elle est celle de la terre.

Le pèlerin recommande à la toute-puissance suppliante de Marie ses intérêts spirituels. Que, par les mains de la divine Vierge, de précieux trésors de sanctification soient répandus sur son âme !

§ 8. Chemin de la Croix

Nous avons la coutume de faire tous ensemble l'exercice du Chemin de la Croix, en gravissant la Montagne au haut de laquelle se trouve la Croix de Jérusalem. A l'heure indiquée, réunion sur la place du Parvis de la Basilique Supérieure.

Au départ, chant de l'hymne *Vexilla Regis*.

HYMNE : VEXILLA REGIS

VEXILLA Regis prodeunt:
Fulget crucis mysterium
Qua vita mortem pertulit,
Et morte vitam protulit.

Arbor decora et fulgida,
Ornata Regis purpura,
Electa digno stipite
Tam sancta membra tangere

Quæ vulnerata lanceæ
Mucrone diro, criminum
Ut nos lavaret sordibus,
Manavit unda et sanguine

Beata, cujus brachiis
Pretium pependit sæculi,
Statera facta corporis,
Tulitque prædam tartari

Impleta sunt, quæ concinit.
David fideli carmine,
Dicendo nationibus,
Regnavit a ligno Deus.

O crux, ave, spes unica,
Mundi salus et gloria,
Piis adauge gratiam,
Reisque dele crimina.

Te, fons salutis, Trinitas.
Collaudet omnis spiritus :
Quibus Crucis victoriam
Largiris, adde prœmium.

Par rescrit du 30 janvier 1902, Sa Sainteté le Pape Léon XIII accorde aux fidèles qui graviront *à genoux* les degrés conduisant à la première station du monumental Chemin de Croix récemment érigé à Lourdes (5 octobre 1901) les indulgences mêmes qui sont attachées à la dévotion de la *Scala-Sancta* de Rome.

Résumant toutes les faveurs déjà concédées par ses prédécesseurs, Pie VII, par décret de la Sainte-Congrégation des indulgences du 2 Septembre 1817, accorda à perpétuité une *indulgence de neuf ans pour chaque marche ou degré* à tous ceux qui, le cœur contrit, monteraient à genoux la *Scala-Sancta* en priant ou en méditant la Passion de N.-S. J.-C.

Une courte allocution sera faite à chaque station. Pendant le trajet d'une croix à la suivante, on chantera : tantôt plusieurs strophes du *Stabat Mater*, tantôt quelques couplets du cantique *Vive Jésus, vive sa Croix*, ou encore le *Parce Domine* répétés plusieurs fois.

PROSE

Stabat Mater dolorosa
Juxta Crucem lacrymosa,
Dum pendebat Filius.

Cujus animam gementem,
Contristatam et dolentem
Pertransivit gladius.

O quam tristis et afflicta
Fuit illa benedicta
Mater Unigeniti !

Quæ mœrebat et dolebat
Pia Mater, dum videbat,
Nati pœnas inclyti !

Quis est homo qui non fleret,
Matrem Christi si videret
In tanto supplicio ?

Quis non posset contristari,
Christi Matrem comtemplari
Dolentem cum filio ?

Pro peccatis suæ gentis,
Vidit Jesum in tormentis,
Et flagellis subditum.

Vidit suum dulcem Natum,
Moriendo desolatum,
Dum emisit spiritum.

Eia, Mater, fons amoris,
Me sentire vim doloris
Fac, ut tecum lugeam.

Fac ut ardeat cor meum,
In amando Christum Deum,
Ut sibi complaceam.

Sancta Mater istud agas,
Crucifixi fige plagas
Cordi meo valide.

Tui Nati vulnerati,
Tam dignati pro me pati,
Pœnas mecum divide.

Fac me tecum pie flere,
Crucifixo condolere,
Donec ego vixero.

Juxta crucem tecum stare,
Et me tibi sociare,
In planctu, desidero.

Virgo virginum prœclara,
Mihi jam non sis amara,
Fac me tecum plangere.

Fac ut portem Christi mortem,
Passionis fac consortem,
Et plagas recolere.

Fac me plagis vulnerari,
Fac me Cruce inebriari,
Et cruore Filii.

Flammis ne urar succensus,
Per te, Virgo, sim defensus,
In die judicii.

Christe, cum sit hinc exire,
Da per Matrem me venire.
Ad palmam victoriæ.

Quando corpus morietur,
Fac ut animæ donetur
Paradisi gloria. Amen.

℣ Ora pro nobis, Virgo dolorosissima.
℟ Ut digni efficiamur promissionibus Christi.

OREMUS

Interveniat pro nobis, quæsumus, Domine Jesu Christe, nunc et in horâ mortis nostræ, apud tuam clementiam beata Virgo Maria, Mater tua, cujus sacratissimam animam in horâ tuæ Passionis doloris gladius pertransivit. Qui vivis et regnas, etc.

Parce, Domine, parce populo tuo
Ne in æternum irascaris nobis,

VIVE JÉSUS! VIVE SA CROIX!

Après chaque couplet, on reprend comme refrain : **Chrétiens, chantons**

2.   Vive cette divine croix !
Le Sauveur l'ayant épousée,
Elle n'est plus comme autrefois
Un objet d'horreur, de risée.

3.   Vive cette divine croix !
Arbre dont le fruit salutaire
Répare le mal qu'autrefois
Fit le péché du premier père.

4.   Vive cette divine croix !
C'est l'étendard de sa victoire ;
Par elle il nous donna ses lois ;
Par elle il entra dans sa gloire.

5.   Vive cette divine croix !
De tous nos biens source féconde,
Qui, dans le sang du Roi des rois,
A lavé les péchés du monde.

6   Vive cette divine croix !
La chaire de son éloquence,
D'où, sans faire éclater sa voix,
Il m'apprend tout par son silence.

7.   Vive cette divine croix !
Ce n'est pas le bois que j'adore,
Mais c'est mon Sauveur, sur ce bois
Que je révère et que j'implore.

8.   Avec Jésus aimons la croix,
Prenons-là pour notre partage ;
Ce juste, cet aimable choix
Conduit au céleste héritage.

ORDRE DES STATIONS

1re Station. — Jésus est condamné à mort.

2e Station. — Jésus est chargé de sa Croix.

3e Station. — Jésus tombe sous le poids de sa Croix.

4e Station. — Jésus rencontre sa très sainte Mère.

5° Station. — Simon le Cyrénéen aide Jésus à porter sa Croix.

6e Station. — Sainte Véronique essuie la face de Jésus-Christ

7e Station. — Jésus tombe à terre pour la seconde fois.

8e Station. — Jésus console les filles de Jérusalem qui le suivent.

9e Station. — Jésus tombe pour la troisième fois.

10e Station. — Jésus est dépouillé de ses vêtements.

11e Station. — Jésus est attaché à la croix.

12e Station. — Jésus meurt sur la croix.

13e Station. — Jésus est détaché de la croix et remis à sa mère.

14e Station. — Jésus est mis dans le sépulcre.

BETHARRAM

Lors du pèlerinage à Betharram, après le salut chanté à l'église, on commence le Chemin de Croix dans un ordre semblable à celui indiqué plus haut. Le titre des stations est un peu différent.

Station du Calvaire de Betharram

1re STATION. — Jésus au Jardin des Oliviers.
2e STATION. — Trahison de Judas.
3e STATION. — Jésus devant Caïphe.
4e STATION. — La flagellation.
5e STATION. — Jésus couronné d'épines.
6e STATION. — Pilate montre Jésus au peuple en disant : Voilà l'homme !
7e STATION. — Jésus est condamné à mort.
8e STATION. — Jésus rencontre sa sainte Mère.
9e STATION. — Jésus console les filles de Jérusalem.
10e STATION. — Jésus est attaché à la croix.
11e STATION. — Jésus meurt sur la croix.
12e STATION. — Descente de la croix.
13e STATION. — La Compassion. Jésus dans les bras de sa Mère.
14e STATION. — Jésus déposé dans le tombeau.

§ 9. Procession du Très Saint-Sacrement

Chants en l'honneur du Très Saint-Sacrement

O salutaris hostia,
Quæ cœli pandis ostium,
Bella premunt hostilia
Da robur, fer auxilium.

Uni trinoque Domino
Sit sempiterna gloria,
Qui vitam sine termino
Nobis donet in patria. Amen.

* * *

Adoremus in æternum sanctissimum Sacramentum. *3 fois.*

HYMNE

Pange, lingua, gloriosi
Corporis mysterium
Sanguinisque pretiosi,
Quem in mundi pretium
Fructus ventris generosi
Rex effudit gentium.

Nobis datus, nobis natus
Ex intacta Virgine,
Et in mundo conversatus,
Sparso Verbi semine,
Sui moras incolatus
Miro clausit ordine.

In supremæ nocte cœnæ
Recumbens cum fratribus,
Observatâ lege plene,
Cibis in legalibus,
Cibum turbæ duodenæ
Se dat suis manibus.

Verbum caro panem verum
Verbo carnem efficit.
Fitque sanguis Christi merum
Et si sensus deficit,
Ad firmandum cor sincerum
Sola fides sufficit.

Tantum ergo Sacramentum
Veneremur cernui ;
Et antiquum documentum
Novo cedat ritui,
Præstet fides supplementum
Sensuum defectui.

Genitori Genitoque
Laus et jubilatio :
Salus, honor, virtus quoque,
Sit et benedictio :
Procedenti ab utroque.
Compar sit laudatio. Amen.

℣. Panem de cœlo præstitisti eis.
℟. Omne delectamentum in se habentem.

OREMUS

Deus, qui nobis sub Sacramento mirabili passionis tuæ memoriam reliquisti : tribue, quæsumus, ita nos Corporis et Sanguinis tui sacra mysteria venerari, ut redemptionis tuæ fructum in nobis jugiter sentiamus. Qui vivis.

O sacrum convivium, in quo Christus sumitur, recolitur memoria passionis ejus, mens impletur gratia, et futuræ gloriæ nobis pignus datur. Alleluia.

Ave verum Corpus natum
De Maria Virgine,
Vere passum immolatum
In cruce pro homine ;
Cujus latus perforatum
Fluxit aqua et sanguine.
Esto nobis prægustatum
Mortis in examine.
O Jesu dulcis !
O Jesu pie !
O Jesu fili Mariæ !

Panis angelicus fit panis hominum,
Dat panis cœlicus figuris terminum.
O res mirabilis ! manducat Dominum
Pauper servus et humilis.

Te, trina Deitas unaque, poscimus,
Sic nos tu visita, sicut te colimus ;

Per tuas semitas duc nos quo tendimus,
    Ad lucem quam inhabitas.

Laudate Dominum omnes gentes, * laudate eum omnes populi.

Quoniam confirmata est super nos misericordia ejus, * et veritas Domini manet in æternum.

INVOCATIONS

N. B. — On ne fera pas d'autres invocations que les suivantes et chaque invocation sera répétée deux fois, trois fois au plus.

Seigneur, nous vous adorons.
Seigneur, nous espérons en vous.
Seigneur, nous vous aimons.
Hosanna, Hosanna au fils de David.
Bénit soit celui qui vient au nom du Seigneur.
Vous êtes le Christ, fils du Dieu vivant.
Vous êtes mon Seigneur et mon Dieu.
Adoremus in æternum (3 fois).
Seigneur nous croyons, mais augmentez notre foi.
Vous êtes la résurrection et la vie.
Sauvez-nous, Jésus, nous périssons.
Seigneur, si vous le voulez, vous pouvez me guérir.
Seigneur, dites seulement une parole et je serai
    guéri.
Jésus, fils de Marie, ayez pitié de moi.
Jésus, fils de David, ayez pitié de nous.
Parce Domine (3 fois).
O Dieu, venez à notre aide, hâtez-vous de nous
    secourir.
Seigneur, celui que vous aimez est malade.
Seigneur, faites que je voie.

Seigneur, faites que je marche.
Seigneur, faites que j'entende.
Mère du Sauveur, priez pour nous.
Salut des infirmes, priez pour nous.
Monstra te esse Matrem (3 fois).
Louanges en réparation des blasphèmes, p. 148.

AUTRES CHANTS

Sub tuum præsidium confugimus, sancta Dei Genitrix ; nostras deprecationes ne despicias in necessitatibus, sed a periculis cunctis libera nos semper, Virgo gloriosa et benedicta.

Inviolata, integra et casta es, Maria,
Quæ es effecta fulgida cœli porta.
O mater alma Christi carissima !
Suscipe pia laudum præconia,
Nostra ut pura pectora sint et corpora.
Te nunc flagitant devota corda et ora,
Tua per precata dulcisona,
Nobis impetres veniam per sæcula.
O benigna ! o Regina ! o Maria !
Quæ sola inviolata permansisti.

POUR LE PAPE

℣. Oremus pro Pontifice nostro N...
℟. Dominus conservet eum, et vivificet eum, et beatum faciat eum in terra, et non tradat eum in animam inimicorum ejus.

OREMUS

Deus omnium fidelium pastor et rector, famulum tuum N..., quem pastorem Ecclesiæ tuæ præesse voluisti, propitius respice : da ei, quæsumus, verbo et exemplo, quibus præest proficere ; ut ad vitam,

una cum grege sibi credito, perveniat sempiternam.
Per Christum Dominum nostrum.

Pour implorer les grâces du Saint-Esprit

HYMNE

Veni, Creator Spiritus,
Mentes tuorum visita :
Imple superna gratia,
Quæ tu creasti pectora.

Qui diceris Paraclitus,
Altissimi donum Dei,
Fons vivus, ignis, caritas.
Et spiritalis unctio.

Tu septiformis munere,
Digitus paternæ dexteræ,
Tu rite promissum Patris,
Sermone ditans guttura.

Accende lumen sensibus ;
Infunde amorem cordibus ;
Infirma nostri corporis
Virtute firmans perpeti.

Hostem repellas longius,
Pacemque dones protinus,
Ductore sic te prævio,
Vitemus omne noxium.

Per te sciamus da Patrem,
Noscamus atque Filium,
Teque utriusque Spiritum
Credamus omni tempore.

Deo Patri sit gloria,
Ejusque soli Filio,
Cum Spiritu Paraclito,
Nunc et per omne sæculum. Amen.

℣. Emitte Spiritum tuum et creabuntur.
℟. Et renovabis faciem terræ.

OREMUS

Deus, qui corda fidelium Sancti Spiritus illustra- tione docuisti, da nobis in eodem Spiritu recta sapere, et de ejus semper consolatione gaudere. Per Christum Dominum nostrum.

CANTIQUE D'ACTIONS DE GRACES

Te Deum laudamus, * te Dominum confitemur.
Te æternum Patrem * omnis terra veneratur.
Tibi omnes angeli, * tibi cœli et universæ protes- tates.
Tibi Cherubin et Seraphim * incessabili voce proclamant,
Sanctus,
Sanctus,
Sanctus, * Dominus Deus Sabaoth.
Pleni sunt cœli et terra * majestatis gloriæ tuæ.
Te gloriosus * Apostolorum chorus,
Te Prophetarum * laudabilis numerus,
Te Martyrum candidatus * laudat exercitus.
Te per orbem terrarum * sancta confitetur Ecclesia.
Patrem * immensæ majestatis.
Venerandum tuum verum * et unicum Filium.
Sanctum quoque * Paraclitum Spiritum.
Tu Rex gloriæ, * Christe !
Tu Patris * sempiternus es Filius.
Tu, ad liberandum suscepturus hominem * non horruisti Virginis uterum,
Tu, devicto mortis aculeo, * aperuisti credentibus regna cœlorum.
Tu ad dexteram Dei sedes * in gloria Patris.
Judex crederis * esse venturus.
Te ergo, quæsumus, famulis tuis subveni, * quos pretioso sanguine redemisti.
Æterna fac, * cum sanctis tuis in gloria numerari
Salvum fac populum tuum, Domine; * et benedic hæreditati tuæ.

Et rege eos, * et extolle illos usque in æternum.
Per singulos dies * benedicimus te.
Et laudamus nomen tuum in sæculum, * et in sæculum sæculi.
Dignare, Domine, die isto * sine peccato nos custodire.
Miserere nostri, Domine ; * miserere nostri.
Fiat misericordia tua, Domine, super nos * quemadmodum speravimus in te.
In te, Domine, speravi : * non confundar in æternum.

℣. Benedicamus Patrem, et Filium, cum Sancto Spiritu.

℟. Laudemus et superexaltemus eum in sæcula.

OREMUS

Deus, cujus misericordiæ non est numerus et bonitatis infinitus est thesaurus : piissimæ majestati tuæ pro collatis donis gratias agimus, tuam semper clementiam exorantes : ut qui petentibus postulata concedis, eosdem non deserens, ad præmia frutura disponas. Per Christum.

§ 10. Procession aux flambeaux

EN L'HONNEUR DE LA TRÈS SAINTE VIERGE

Le groupement des pèlerins rémois se fait tous les soirs, autour de la bannière, *aux abords de la Grotte*.

Il est formellement recommandé de chanter le cantique *Ave Maria* (1re série, ensuite 2e série) à **l'exclusion de tout autre cantique.**

Quand tous les pèlerins sont rentrés dans l'hémicycle au portail du Rosaire, on chante le *Credo*, p. 94.

PREMIÈRE SÉRIE
AVE MARIA DE LOURDES
Air connu (1)

REFRAIN

Ave, ave, ave Maria
Ave, ave, ave Maria

1

L'heure était venue,
Où l'airain sacré,
De sa voix connue,
Annonçait l'*Ave*.

2

D'une main discrète,
L'Ange la prenant,
Conduit Bernadette
Au bord du torrent.

3

Un souffle qui passe
Avertit l'enfant
Qu'une heure de grâce
Sonne en ce moment.

4

Sur Massabielle,
Son œil voit soudain
L'éclat qui révèle
L'astre du matin.

5

C'est un doux visage,
Rayonnant d'amour,
Qu'entoure un nuage
Plus beau que le jour.

6

Son regard s'inspire
D'un reflet divin ;
Mais un doux sourire
Dit : ne craigniez rien !

7

ELLE a la parure
D'un lis immortel ;
Elle a pour ceinture
Un ruban du ciel.

8

On voit une rose
Sur ses pieds bénis,
Fraichement éclose
Dans le Paradis.

9

On voit un rosaire
Glisser dans sa main
Et de la prière
Tracer le chemin,

10

L'âme palpitante
Le cœur enivré,
L'heureuse Voyante
Répétait : *Ave !*

(1) *On est prié de chanter à l'unisson. Pas de deuxième partie,*

11

L'extase s'achève,
Le monde revient ;
L'Enfant se relève
Disant : A demain !

12

Avant chaque aurore
Son cœur en éveil
Par soupirs implore
L'heure du réveil.

13

« Mère de la terre,
Ne défendez pas
D'aller voir la Mère
Qui paraît là-bas !

14

« Elle était si belle
Je veux la revoir...
Que désire-t-elle ?
Je veux le savoir. »

15

Colombe fidèle.
Elle prend l'essor,
Vole à tire d'aile.
Au nouveau Thabor.

16

« O Dame chérie,
Que demandez-vous ?
Parlez, je vous prie,
Et dites-le nous » !

17

« Avec vos compagnes,
Venez quinze fois,
Près de ces montagnes,
Ecouter ma voix.

18

« Enfant généreuse,
Je vous le promets,
Vous serez heureuse
Au ciel pour jamais.

19

« Si vous êtes bonne,
Le monde est méchant ;
Il ne me pardonne.
De vous voir souvent.

20

« Le savant s'offense
De votre bonté ;
Je n'ai pour défense
Que la vérité.

21

Près de la Voyante,
Au lever du jour,
La foule croyante
Se rend tour à tour.

22

La pauvre bergère,
Comme un séraphin,
Du ciel à la terre
Franchit le chemin

23

La voilà ravie
Dans cette Beauté,
Que le temps envie
A l'Eternité.

24

De son blanc visage
Les traits allongés
Vers la Sainte Image
Semblent emportés.

25

Pendant sa prière
Brille sur son front
La pure lumière
De la Vision.

26

Le peuple fidèle
Admire à genoux
De l'aube éternelle
Le reflet si doux.

27

« *Qu'avez-vous,* Madame
Murmura l'enfant ?
D'où vient que votre âme
Est triste à présent !

28

« *Que faudrait-il faire*
Pour tarir vos pleurs ?
— « *Prier*, dit la Mère,
Pour tous les pécheurs.

29

Je veux qu'ici même,
En procession,
Le peuple qui m'aime
Invoque mon nom :

30

« Que d'une *chapelle*
Le marbre béni
Aux âges rappelle
Mon séjour ici.

31

O profond mystère
D'un profond amour !
Faut-il qu'une Mère
Trahisse à son tour !

32

Deux fois Bernadette
Vient au lieux aimés ;
Deux fois sur sa tête
Les cieux sont fermés.

33

O Dame clémente,
Ne savez-vous pas
Qu'à votre Voyante
On livre combat ? »

34

Enfant, prends courage,
Et bannis l'effroi ;
Il faut que l'orage
Eprouve la foi.

35

« Elle m'est rendue ;
Elle reparait ;
Je goûte en sa vue
Un nouvel attrait.

36

« Vision chérie,
Source de douceurs ;
Mettez, je vous prie,
Comble à vos faveurs.

37

« On demande un gage
A votre Bonté ;
Rendez témoignage
A la vérité.

38

« Que sous cette épine,
Et sous votre pied,
Une fleur divine,
Pousse à l'églantier !

39

Par un doux sourire
Accueillant ces vœux
Elle sembla dire :
Je donnerai mieux.

40

La fleur éphémère
Se dessèche et meurt ;
Le cœur d'une mère
N'est point cette fleur.

41

« *A cette fontaine,*
Allez maintenant ;
L'eau dont elle est pleine,
Voilà mon présent »

42

L'enfant prend sa course
Vers l'eau du torrent :
Un signe à la source
Ramène l'enfant.

43

Ses doigts de la terre
Déchirent le sein ;
D'humide poussière
Elle emplit sa main.

44

Fontaine de vie,
Qui peut désormais
De ton eau bénie
Compter les bienfaits !...

45

Et vous dont la terre
Admire le don,
Céleste Etrangère,
Quel est votre nom !

46

A votre servante
Qui prie à genoux,
A votre Voyante
Le cacherez-vous ?

47

Au cœur de sa mère
Quatre fois l'enfant
D'une humble prière
Fait monter l'accent.

48

Paraît cette fête
Où de Gabriel
L'église répète
L'*Ave* solennel.

49

La Beauté rayonne
D'un nouveau reflet :
La Vierge abandonne
Son dernier secret.

50

A sa bien-aimée
L'Apparition
De l'*Immaculée*
Prononce le nom.

51

Sainte Messagère,
Remontez aux cieux ;
Et de notre terre
Portez-y les vœux !

52

Vous vouliez du monde,
Et de tous côtés,
Il vient, il abonde,
Il est à vos pieds...

53

Salut, ô Vallée,
O Trône d'amour,
Où l'Immaculée
A pris son séjour !

54

Avec son Image,
Avec ses bienfaits,
Ta *Grotte* sauvage
N'est plus sans attraits.

55

La Fontaine y coule
Sans jamais tarir ;
Ainsi vient la foule
Sans jamais finir.

56

Pieux sanctuaire,
Tu les vis présents
De la France entière
Les nobles enfants !

57

Ta voûte sacrée,
Depuis ce grand jour,
De chaque contrée
A vu le retour.

58

Du Trône de grâce
On sait le chemin,
Le pèlerin passe
Et passe sans fin.

59

Heureux qui voyage
En ces lieux bénis !
On y prend passage
Pour le Paradis.

60

Astre salutaire,
Que votre rayon
Nous mène à la Terre
De la Vision !

DEUXIÈME SÉRIE

AVE MARIA

Cantique-Récit des Apparitions

REFRAIN

Ave, ave, ave Maria
Ave, ave, ave Maria

1

C'était l'heure sainte
Que marque midi
Quand la cloche tinte
L'*Angelus* béni.

2

Grotte Massabielle,
Quel souffle puissant
A tes pieds appelle
Une pauvre enfant ?

3

A l'humble Voyante,
Dans ce jour heureux,
Soudain se présente
La Reine des Cieux !

4

La Vierge reflète
Un charme vainqueur
Qui de Bernadette
Pénètre le cœur.

5

Son regard rayonne
D'un limpide azur ;
Un voile couronne
Son front noble et pur.

6

Sa parure blanche
A l'éclat du jour ;
De son cœur s'épanche
Le divin amour.

7

Sur ses pieds repose,
Radieux trésor,
La mystique rose
Au calice d'or.

8

Céleste prière
Message divin,
Les grains du Rosaire
Passent dans sa main...

9

La Vision chère
Hélas ! disparaît :
Et l'humble bergère
S'éloigne à regret.

10

Mais dans ta demeure
Emporte l'espoir
Enfant, voici l'heure
D'un joyeux revoir.

11

La Vierge te livre
Les divins secrets,
Et ton cœur s'enivre
D'amour et de paix.

12

Ame simple et tendre,
Tu viens quinze fois,
Avide d'entendre
L'écho de sa voix.

13

La Grâce accompagne
La docile enfant
Qui vers la montagne
Dès l'aube se rend.

14

Le monde proteste,
Il veut rejeter
Le signe céleste
Qui vient d'éclater.

15

Le savant s'alarme ;
Son orgueil en vain ;
Partout cherche une arme
Contre un fait divin

16

La Puissance humaine
S'agite à son tour,
Frappant de sa haine
Ce dessein d'amour

17

Enfant, si l'orage
Eprouve ta foi,
Ne perds pas courage
Dieu veille sur toi.

18

La jeune bergère
Contemple de loin
L'étrange mystère
Dont elle est témoin.

19

Quand elle s'incline
Et prie à genoux,
Le Ciel illumine
Ses traits purs et doux.

20

Devant ce spectacle,
Le peuple pieux
Acclame un miracle
Qui ravit ses yeux.

21

Près de là le Gave
Mêle à ces échos
Son murmure grave,
Le bruit de ses flots.

22

L'enfant porte un cierge
Qui doucement luit
Pendant que la Vierge
Paraît et l'instruit.

23

Pour elle ce monde
Sera plein de fiel,
Une paix profonde
Ne l'attend qu'au Ciel.

24

Du sol qu'elle creuse
Jaillit sous son doigt.
L'eau miraculeuse
Qu'elle prend et boit.

25

L'eau roule en cascade
Au bas du rocher,
Sauvant tout malade
Qui peut approcher.

26

La Vierge réclame
En versant des pleurs,
Que l'on songe à l'âme
Des pauvres pécheurs.

27

Ici, poursuit-Elle,
Des foules viendront
Et d'une chapelle
Les murs surgiront.

28

Gage de victoire,
L'église est debout :
Son nom et sa gloire
Sont chantés partout.

29

Des chrétiens sans nombre
S'en vont tous les jours
Trouver à son ombre
Et grâce et secours...

30

La Fête est venue
Où de Gabriel
La voix vous salue,
Vierge d'Israël.

31

Dites-nous, ô Reine,
Ce nom virginal
Dont la force enchaîne
L'esprit infernal.

32

Lys de la vallée.
Fleur du paradis,
C'est l'*Immaculée*...
Mortel, applaudis !

33

Réponse de Mère
A ce dogme aimé
Que Rome naguère
Avait proclamé !

34

Puis la Vierge sainte
Laissa dans ce lieu
Sa dernière empreinte,
Son suprême adieu.

35

O Lourdes chérie,
Fortuné séjour,
Reste pour Marie
Un trône d'amour.

36

Son divin passage
Comble pour jamais
Ton pèlerinage.
D'ir signes bienfaits.

37

Cité des merveilles,
Que ton sort est beau !
Pour tes « roches vieilles »
Quel éclat nouveau !

38

Heureux qui voyage
En ces lieux chéris !
C'est comme un présage
Du saint Paradis !

39

La grotte sacrée,
Glorieux rempart,
De chaque contrée
Garde l'étendard.

40

L'Eglise rémoise,
Le berceau des Francs,
Elle aussi se croise
En groupes fervents.

41

Pressés en couronne,
Fils de Saint-Remi,
A notre Madone
Redisons ce cri :

42

Que notre Patrie,
Apportant ses vœux,
Retrouve en Marie
Le chemin des cieux !

§ 10. Adoration nocturne.

Pour l'exposition du Très Saint Sacrement, on chante :

Hymne ADORO TE DEVOTE

Adoro te devote, latens Deitas,
Quæ sub his figuris vere latitas :
Tibi se cor meum totum subjicit ;
Quia te contemplans totum deficit.

Visus, tactus, gustus in te fallitur ;
Sed auditu solo tuto creditur ;
Credo quidquid dixit Dei Filius ;
Nil hoc veritatis verbo verius.

In cruce latebat sola Deitas ;
At hic latet simul et humanitas ;
Ambo tamen credens atque confitens,
Peto quod petivit latro penitens.

Plagas sicut Thomas non intueor,
Deum tamen meum te confiteor ;
Fac me tibi semper magis credere,
In te spem habere, te diligere.

O memoriale mortis Domini,
Panis vivus, vitam præstans homini,
Præsta me menti de te vivere,
Et te illi semper dulce sapere.

Pie Pelicane, Jesu Domine,
Me immundum munda tuo sanguine,
Cujus una stilla salvum facere
Totum quit ab omni mundum scelere.

Jesu, quem velatum nunc aspicio,
Oro, fiat illud quod tam sitio,
Ut te revelata cernens facie
Visu sim beatus tuæ gloriæ. Amen.

On peut à volonté prendre d'autres chants parmi

ceux qui sont inscrits sous la rubrique *Procession du T. S. Sacrement,* ci-dessus, p. 126.

Egalement les mystères du Rosaire, p. 114.
Litanies du Sacré-Cœur, plus haut, p. 66.
Consécration au Sacré-Cœur de Jésus, p. 70.
Hymne Pange lingua, p. 127.

PSAUME : **MISERERE**

(Entre chaque verset, intercaler une fois Parce, Domine.*)*

℣. Parce, Domine, parce populo tuo.
℟. Ne in æternum irascaris nobis.

Miserere mei Deus, * secundum magnam misericordiam tuam.

Et secundum multitudinem miserationum tuarum, * dele iniquitatem meam.

Amplius lava me ab iniquitate mea, * et a peccata meo munda me.

Quoniam iniquitatem meam ego cognosco, * et peccatum meum contra me est semper.

Tibi soli peccavi, et malum coram te feci * ut justificeris in sermonibus tuis, et vincas cum judicaris.

Ecce enim in iniquitatibus conceptus sum, * et in peccatis concepit me mater mea.

Ecce enim veritatem dilexisti : * incerta et occulta sapientiæ manifestasti mihi.

Asperges me hyssopo, et mundabor, * lavabis me et super nivem dealbabor.

Auditui meo dabis gaudium et lætitiam, * et exultabunt ossa humiliata.

Averte faciem tuam a peccatis meis, * et omnes iniquitates meas dele.

Cor mundum crea in me, Deus * et spiritum rectum innova in visceribus meis.

Ne projicias me a facie tua, * et spiritum sanctum tuum ne auferas a me.

Redde mihi lætitiam salutaris tui, * et spiritu principali confirma me.

Docebo iniquos vias tuas, * et impii ad te convertentur.

Libera me de sanguinibus, Deus, Deus salutis meæ, * et exultabit lingua mea justitiam tuam.

Domine, labia mea aperies, * et os meum annuntiabit laudem tuam.

Quoniam si voluisses sacrificium, dedissem utique ; * holocaustis non delectaberis.

Sacrificium Deo spiritus contribulatus ; * cor contritum et humiliatum, Deus, non despicies.

Benigne fac, Domine, in bona voluntate tua Sion, * ut ædificentur muri Jerusalem.

Tunc acceptabis sacrificium justitiæ oblationes et holocausta ; tunc imponent super altare tuum vitulos.

Gloria Patri, etc.

AMENDE HONORABLE

Au Très Saint Sacrement de l'Eucharistie

Seigneur Jésus-Christ !

Nous voici prosternés devant vous ! Nous croyons que dans la sainte Hostie vous êtes réellement présent, Verbe incarné, vrai Dieu et vrai Homme, notre Créateur, notre Sauveur, notre fin dernière.

Au souvenir de vos bienfaits, au souvenir de nos devoirs, au souvenir de nos ingratitudes, nous sommes saisis de confusion, navrés de douleur.

C'est pourquoi, en présence de votre Sacrement adorable, nous poussons vers vous un cri de repentir : *Seigneur, pardonnez-nous !*

Pour nos propres péchés, pour les péchés de nos parents, de nos frères, de nos amis, de notre pays tout entier : *pardon, Seigneur, pardon !*

Pour les infidélités, pour les sacrilèges : *pardon, Seigneur, pardon !*

Pour les basphèmes, pour la profanation du dimanche : *pardon, Seigneur, pardon !*

Pour les impuretés, pour les scandales : *pardon, Seigneur, pardon !*

Pour les haines et les rancunes : *pardon, Seigneur, pardon !*

Pour les rapines et pour les injustices : *pardon, Seigneur, pardon !*

Pour la désobéissance à la Sainte Eglise, pour la violation de l'abstinence : *pardon, Seigneur, pardon !*

Pour les lâchetés et le respect humain : *pardon, Seigneur, pardon !*

Pour les crimes des époux, pour les négligences des pères et des mères, pour les fautes des enfants : *pardon, Seigneur, pardon !*

Pour tous les attentats commis contre votre représentant, le Pontife romain : *pardon, Seigneur, pardon !*

Pour les persécutions excitées contre vos évêques, vos prêtres, vos religieux et vos vierges : *pardon, Seigneur, pardon !*

Pour les insultes faites à vos images, la violation de vos sanctuaires, les outrages au saint Tabernacle : *pardon, Seigneur, mille fois pardon !*

Regardez-nous du trône où vous reposez, voyez-nous humiliés, repentants, attendant de votre bonté une parole de miséricorde ; pour l'obtenir, Seigneur, nous voulons tout expier, tout réparer, vous servir désormais.

Nous vous honorerons dans l'auguste Sacrement, nous vous visiterons, nous vous recevrons, nous vous ferons connaître, respecter et aimer.

Bénissez-nous donc, Seigneur, bénissez-nous, parents et enfants, frères et sœurs, maîtres et serviteurs.

Que tous, unis les uns et les autres par la dévotion eucharistique, nourris de votre chair, soutenus par votre grâce, nous triomphions des épreuves de la vie pour vous contempler sans voiles, vous posséder sans partage, vous célébrer tous ensemble dans les splendeurs de l'Eternité !   Ainsi soit-il !

Si le temps le permet, on peut encore prendre les cantiques :

Cœur transpercé pour nous, p. 186.
Amour au Sacré-Cœur, p. 188.
Pitié, mon Dieu.

A minuit, commence la Messe solennelle. C'est ordinairement la Messe de l'Apparition, p. 86.

§ 12. — Pèlerinage à Betharram

Nous invitons les pèlerins à relire attentivement ce qui a été dit à la page 126.

De la gare de Bétharram à l'Eglise, le trajet est d'environ douze minutes. A l'arrivée, Salut du T. S. Sacrement, puis Chemin de la Croix jusqu'au sommet de la Montagne. Voir p. 126.

§ 13. — Cérémonie d'adieux

On commence par le chant du *Magnificat*, p. 109.
INSTRUCTION.
Cantique *Au Ciel, j'irai la voir un jour*, p. 167 ; ou p. 169, à moins que le Directeur n'en indique un autre.

LOUANGES

1ᵉʳ Solo
Vi _ ve le Christ vainqueur, Vi _ ve le Christ Roi,
Choeur
Vi _ ve le Christ souverain Vi _ ve le Christ vainqueur,
Vi _ ve le Christ Roi, Vi _ ve le Christ sou_ve_rain.
(Silence)
1ᵉʳ Solo
Jé_sus, exaucez nos vœux!
Solo
A sa Sain-te-té Pie X, Pape é - lu
de Dieu, daigne le Sei_gneur, par l'Im_ma_cu_lée
Concep _ ti_on, ac_cor_der u _ ne longue vi _ e!
Choeur.
1ᵉʳ Solo
Notre Dame de Lourdes Veuil _ lez le pro_té_ger.

Choeur.
1.r Solo
Mè_re du Sau_veur Veuil_lez le pro_té_ger
1.r Solo
Marie, soutien de l'Eglise
Ch.
id.
1.r Solo
Trône de la Sa_gesse
Ch.
id.
1.r Solo
Tour de Da_vid
Ch.
id.
1.r Solo
Rei_ne des Patriarches
Ch.
id.
(Silence)
1.r Solo
Jésus, ex_au_cez nos voeux
2.e Solo
A tous les É_vê_qués de Fran_ce,
Aux bien aimés Pon_tifes de nos Di_o_cèses,
daigne le Seigneur, par l'Imma_culée Concep_tion,
ac_cor_der ses bé_né_dic_tions é_ter_nel_les.

Choeur.
1r Solo
Notre Dame de Lourdes Veuil_lez les protéger.
1r Solo
Mè _ re de Jé_sus
Ch.
id.
1r Solo
Vier_ge clé_mente
Ch.
id.
1r Solo
Ro _ se mys_tique
Ch.
id.
1r Solo
Rei _ ne des A_pôtres.
Ch.
id.
(Silence)
1r Solo
Jé_sus, exaucez nos vœux.
2e Solo
A l'il_lus _ tre Na _ ti_on Fran_çaise,
Fille aî _ née de l'E _ glise, dai _ gne
le Seigneur, par l'Imma_cu_lée Con_cep_ti_on
ac_cor_der la gloire et la pros_pé _ ri_té

Choeur.
1.r Solo
Notre Dame de Lourdes Veuil_lez la protéger
1.r Solo
Marie, Rei_ne de France
Ch.
id.
1.r Solo
Mè_re tout ai_mable
Ch.
id.
1.r Solo
Vier_ge puis_sante
Ch.
id.
1.r Solo
No_tre Dame des Victoires
Ch.
id.
(Silence)
1.r Solo
Jé_sus, ex_au_cez nos vœux
2.e Solo
Aux mem _ bres souf_frants de Jé _ sus,
aux in_firmes et aux ma_lades daigne le Sei_gneur,
par l'Im_ma_cu_lée Con_cep _ ti_on ac_cor _ der
com _ plète et promp _ te gué _ ri _ son

Choeur.
1.r Solo
Notre Dame de Lourdes Veuil_lez les guérir tous!
1.r Solo
Ch.
Mè_re de mi_sé_ricorde
id.
1.r Solo
Ch.
Rei _ ne des mar_tyrs
id.
1.r Solo
Ch.
San_té des ma_lades _
id.
1.r Solo
Ch.
Sa_lut des in_firmes
id.
(Silence)
1.r Solo
Jé_sus ex_au_cez nos vœux.
2.e Solo
Aux in _ dif _ fé_rents et aux pé_cheurs,
aux en_ne mis de la Sainte Eglise. dai_gne le Sei_gneur,
par l'Im_ma _cu_lée _ Concep_tion ac_cor_der
la con_ver_si_on et la fi_dé_li_té.

Choeur
1.r Solo
Notre Dame de Lourdes Veuil_lez prier pour eux!
1.r Solo
Cœur Imma_culé de Marie
Ch.
id.
1.r Solo
Refu_ge des pécheurs.
Ch.
id.
1.r Solo
Espoir des pé_ni_tents
Ch.
id.
1.r Solo
Se_cours des Chrétiens
Ch.
id.
(Silence)
1.r Solo
Jésus exaucez nos vœux.
2.e Solo
Aux fi_dè_les du Christ, à tous les gé _ né _
_reux pé _ le_rins ve_nus à cet_te Grot _ te,
dai_gne le Seigneur, par l'Imma_cu_lée_ Concep_ti_on,
ac_cor_der le sa_lut et la fé_li_ci_té

Choeur
1.r Solo
Notre Dame de Lourdes Veuillez les protéger
1.r Solo
Cause de notre allégresse
Ch.
id.
1.r Solo
Etoile de la mer
Ch.
id.
1.r Solo
Por_te du ciel
Ch.
id.
1.r Solo
Rei_ne du très Saint Rosaire
Ch.
id.
1.r Solo
Vi _ ve le Christ vain_queur,
Vi _ ve le Christ Roi, vi _ ve le Christ Sou_ve_rain
Choeur
Vi _ ve le Christ vain_queur,
Vi _ ve le Christ Roi, Vi _ ve le Christ Sou_ve_rain
1.r Solo.
Vi _ ve la Vier_ge Mè _ re, Vi _ ve l'Im_
_ma_cu_lée, Vi _ ve Ma_rie dans nos cœurs

Choeur
Vi _ ve la Vierge Mère,_ Vi _ ve l'Im _
_ma_cu_lée,__ Vi _ ve Ma _ rie dans nos cœurs !
2.ᵉ Solo
O Im _ ma _ cu _ lée___ Con _ cep _
Lentement.
_ ti _ on Vous ê _ tes no _ tre mè _ re
Choeur
Vi _ ve la Vier_ge Mère Vi _ ve l'Im_ma _
_ cu _ lée___ Vi _ ve Ma _ rie dans nos cœurs
2.ᵉ Solo
O Im _ ma _ cu _ lée___ Con _ cep _
Lento.
_ ti _ on, Vous ê _ tes no _ tre Reine___
Choeur
Vi _ ve la Vier_ge Mère,_ Vi _ ve l'Im _
_ ma _ cu _ lée__ Vi _ ve Ma_rie dans nos cœurs.

Choeur
Mil _ le fois, nous vous fé _ li _
ci_tons Ma _ rie Im _ ma _ cu _ lée
1.r Solo
Vi _ ve la Vier_ge Mère, Vi _ ve l'Im_ma_
_ cu_lée Vi _ ve Ma_rie dans nos cœurs
Choeur
Vi _ ve la Vier_ge Mère Vi _ ve l'Im_ma_
_ cu_lée Vi _ ve Ma_rie dans nos cœurs
1.r Solo
Vi _ ve le Christ vain_queur Vi _ ve le
Christ Roi, Vi _ ve le Christ Sou _ ve_rain
Choeur
Vi _ ve le Christ vain_queur, Vi _ ve le
Christ Roi, Vi _ ve le Christ Sou _ ve_rain.

2ᵉ Solo
O Im_ma_cu_lée Con_cep_ti_on,
Lento.
Vous ê_tes no_tre Sa_lut.
Choeur
Vi_ve la Vier_ge Mère Vi_ve l'Im_
_ma_cu_lée Vi_ve Ma_rie dans nos coeurs.
(Silence)
1ʳ Solo
Christ é_cou_tez-nous.
2ᵉ Solo
Sei_gneur, a_yez pi_tié de nous.
1ʳ Solo
Christ, a_yez pi_tié de nous
Choeur
Sei_gneur, a_yez pi_tié de nous
2ᵉ Solo
Mil_le fois, nous vous fé_li_
_ci_tons, Ma_rie Im_ma_cu_lée.

GLOIRE A MARIE

PAROLES
de
Camille Schwingrouber

MUSIQUE
de
A. B.

Accentué

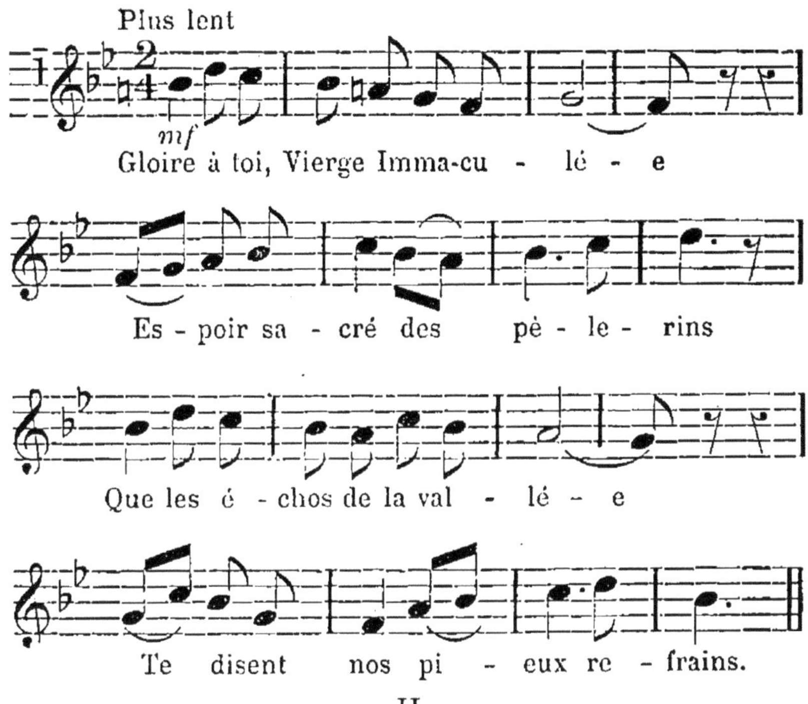

II

Venus d'une rive lointaine
Au pressant appel de ta voix,
Nous t'apportons, ô douce Reine,
L'amour ardent des Champenois.

III

O Mère pleine de tendresse,
Les fils de Reims sont tes enfants ;
Ecoute leurs chants d'allégresse
Et sois clémente à leurs accents.

IV

Sous la bannière de l'Usine,
Voici venir les travailleurs ;
Ah ; bénis-les, Vierge divine,
Et mets le courage en leurs cœurs.

V

A son tour, Mézières t'implore
Et jure de t'aimer toujours ;
A cette cité qui t'honore,
Oh ! daigne accorder ton secours.

VI

Neuvizy vient te rendre hommage ;
En son cœur tu vis à jamais,
Car tu lui donnas ton image
Et le comblas de tes bienfaits.

VII

Saint-Imoge, sous un vieux chêne,
Là-bas, proclame tes faveurs ;
Mais ici, Vierge souveraine,
Elle prie et t'offre ses pleurs.

VIII

Avec Mouzon et Les Mazures,
Fumay vient chanter ta grandeur ;
Aux grâces que tu leur assures,
Leur âme aspire avec ardeur.

IX

Remplis d'espoir en ta clémence,
Nous voici tous à tes genoux ;
Tu fus toujours notre espérance,
Mère de Dieu, veille sur nous.

X

O Marie, ô Vierge de Lourdes
Prête l'oreille à nos accents ;
Du poids de nos peines trop lourdes
Soulage aujourd'hui tes enfants.

XI

Vois à tes pieds, Reine puissante,
Ces affligés et ces souffrants ;
Prends en pitié leur longue attente,
Tu peux guérir des maux si grands.

XII

Vers toi, si clémente et si bonne,
Ces délaissés lèvent leurs cœurs.
Ah ! de grâce, sainte Patronne,
Daigne soulager leurs douleurs.

XIII

Veille aussi sur notre Patrie,
Car Satan menace ses jours ;
La France t'implore, ô Marie,
Viens au plus vite à son secours !

XIV

Rémi, jadis, par ses prières,
A fait des Francs tes premiers fils ;
Fais revivre ces temps prospères,
Sous les regards du crucifix.

XV

Oui, sauve la France meurtrie,
Délivre-là, c'est notre vœu ;
Nous t'en prions, rends-lui la vie
En lui rendant enfin son Dieu.

XVI

Ah ! Gloire à toi, divine Mère,
Espoir et salut d'Israël !
Quand sonnera l'heure dernière,
Ouvre-nous les portes du Ciel.

A Notre-Dame de Lourdes.

II

Tu viens des cieux à mon âme exilée
Et l'églantier abrite ton séjour ;
Gloire à ton nom, divine Immaculée !
Ici mon cœur te trouvera toujours.

III

Comme le lys, honneur de la vallée,
Charme nos yeux par sa chaste blancheur,
Ainsi tu fus, ô Vierge Immaculée !
Pure et sans tache aux regards du Seigneur.

IV

Ton premier pas pour nous fut la victoire,
Ton pied foula le dragon infernal ;
Et sa fureur ne put ternir sa gloire ;
Tu l'enchaînas à ton char triomphal.

V

Dans nos malheurs, ô Reine de la France !
Ah ! que Satan ne nous domine plus !
De jours meilleurs donne-nous l'espérance,
Et nous vaincrons par le Cœur de Jésus.

VI

Protège-nous, puissante Immaculée ;
Vois de Sion les larmes, les douleurs :
L'enfer s'irrite, horrible est la mêlée :
Reviens à nous, reviens tarir nos pleurs.

VII

Reine de France, enfante des miracles,
Et pour gagner l'univers à la Foi,
Viens renverser sous nos pas les obstacles,
Par nous d'abord rendre Rome à son Roi !..

VIII

Reine de France, ô Mère, ô Notre-Dame !
De tes enfants inondés de bienfaits
Entends les vœux, et sur leur cœur, leur âme
Avec Jésus viens régner à jamais.

IX

En t'implorant, Vierge, ma bonne Mère,
Je me prosterne à genoux devant Toi !
Vois mes soupirs, écoute ma prière,
Et dans ce jour, MARIE, exauce-moi !

X

L'air est si pur sous ta voûte embaumée,
Le ciel si doux ! ici garde nos cœurs...
Adieu, adieu ! coule, fontaine aimée,
Coule, et toujours apaise nos douleurs.

XI

Eh ! que me font les plus lointains rivages,
Puisque avec Toi tu garderas mon cœur ?
Mère ! partout contre les noirs orages
M'abritera ton rocher protecteur !

VIERGE, NOTRE ESPÉRANCE.

2

Vois comme dans la
|France
On ne peut t'oublier,
Comme avec confiance
On aime à te prier.

3

Souviens - toi que la
|France
En tes aimables mains
Aux jours de sa puissance
A remis ses destins.

4

Il est vrai que la France
A courroucé le Ciel !
Mais pour sa délivrance,
Vois-nous à ton autel.

5

Nous t'en prions, Marie !
Désarme le Seigneur !
Pitié pour la Patrie,
Qui t'a donné son cœur.

6

Rome, cité chérie,
N'espère plus qu'en Toi,
Par nous sauve, Marie !
Le grand Pontife-Roi.

7

Des maux de la Patrie,
Arrête enfin le cours,
Et nous serons, Marie !
Tes vrais enfants tou-
|jours.

LAUDATE MARIAM

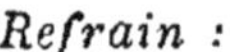

2 Puissante harmonie
Des mondes errants,
Sois près de Marie
L'écho de nos chants.

3 Après Dieu, *saints An-*
[*ges,*
Qui mérite mieux
Vos justes louanges,
Au séjour des cieux !

4 Chantez sa victoire,
Cieux étincelants :
Racontez sa gloire
A tous ses enfants.

5 Image pâlie
Du manteau vermeil
Qui revêt Marie,
Que dis-tu, *soleil ?*

6 Douce est ta lumière,
Bel *astre des nuits,*
Plus belle est ma Mère
Dans le Paradis !

7 *Etoiles* que j'aime
A voir resplendir,

Sur son diadème
Venez vous unir.

8 *Nuit,* dans ton silence
Si mystérieux,
Au *jour* qui s'avance
Dis son nom pieux.

9 Bénis, fraîche *aurore,*
Ce nom virginal
Que rappelle encore
L'*astre matinal.*

10 *Nuage* qui passes
Dans le firmament,
Célèbre les grâces
Que sa main répand.

11 *O terre* féconde
En fruits comme en
[fleurs,
Que ta voix réponde
Aux célestes chœurs !

12 Sur la *mer* immense,
Grande voix des flots,
Bénis sa clémence
Pour les matelots !

13 Par vos blanches ci-
[mes,
Vos lointains échos,
Chantez, *monts* subli-
[mes,
Ces refrains si beaux :

14 *O neige* argentée,
Virginal Thabor,
Notre Immaculée
Est plus pure encor !

15 *Forêts* de verdure
Qu'agite le *vent*,
Que votre murmure
Redise souvent :

16 *Oiseaux*, troupe ai-
[lée,
Qui fendez les airs,
A l'Immaculée
Portez vos concerts.

17 Lorsque Mai rayonne
Prêtez vos couleurs,
Pour parer son trône,
O charmantes *fleurs !*

18 Parmi la bruyère,
Pasteurs et troupeau,
Bénissez la Mère
Du divin Agneau.

19 Ondes fugitives,
Ruisseaux du vallon,
Aux fleurs de vos rives
Apprenez son nom.

20 *L'homme*, roi sur
[terre,
Mais roi malheureux,
Pourrait-il se taire
Quant tout chante aux
[cieux ?

21 Pour la Vierge pure,
Homme voyageur,
Prête à la nature
L'amour de ton cœur.

22 Au ciel et sur terre
Que toutes les voix
Pour vous, ô ma Mère,
Chantent à la fois :

AU CIEL

J'irai la voir un jour !

2

J'irai la voir un jour,
C'est mon cri d'espérance,
Qui guérit ma souffrance
Au céleste séjour.

3

J'irai la voir un jour,
J'irai m'unir aux anges,
Pour chanter ses louan-
[ges,
Et pour former sa cour.

4

J'irai la voir un jour,
J'irai près de son trône
Recevoir ma couronne,
Et régner à mon tour.

5

J'irai la voir un jour,
Cette reine immortelle,
Qui m'aime et qui m'ap-
[pelle
L'enfant de son amour.

6

J'irai la voir un jour,
J'irai loin de la terre,
Sur le Cœur de ma Mère
Reposer sans retour.

7

J'irai la voir un jour,
A Lourdes je l'implore,
Mais sans la voir encore,
Le ciel est son séjour.

8

J'irai la voir un jour,
Mieux qu'à Massabielle
Au ciel elle révèle
Sa gloire et son amour !

9

J'irai la voir un jour,
Et comme Bernadette,
Dans l'éternelle fête
La bénir à mon tour.

J'IRAI LA VOIR UN JOUR

(Air connu à la page 167.)

1

J'irai la voir un jour,
Dans le ciel, ma patrie
J'irai chanter Marie,
Mère du Dieu d'amour.

Refrain

Au ciel, au ciel, au ciel
J'irai la voir un jour.
Au ciel, au ciel, au ciel
J'irai la voir un jour.

2

J'irai la voir un jour,
Si mon âme fidèle
Observe en tout comme
[Elle
La loi *du Dieu d'amour.*

3

J'irai la voir un jour,
Si je garde en moi-même
Les vœux qu'à mon bap-
[têmc
J'ai faits *au Dieu d'a-*
[*mour.*

5

J'irai la voir un jour,
Si par ses mains je donne
Mon âme, ma personne,
Mon cœur *au Dieu d'a-*
[*mour.*

6

J'irai la voir un jour,
Si pendant que je prie,
Mon âme est recueillie
Devant *le Dieu d'amour.*

7

J'irai la voir un jour,
Si, malgré la nature,
Je porte sans murmure
La croix *du Dieu d'a-*
[*mour.*

8

J'irai la voir un jour,
Si, par le sacrifice,
Je sais boire au calice,
Que but *le Dieu d'a-*
[*mour.*

9

J'irai la voir un jour,
Si dans la pénitence
Je lave mon offense
Au sang *du Dieu d'a-*
[*mour.*

10

J'irai la voir un jour,
Si dans l'Eucharistie,
Je vais puiser la vie
Au cœur *du Dieu d'a-*
[*mour.*

11

J'irai la voir un jour,
Si, toujours dans mon
[âme
Brûle comme une flamme
L'amour *du Dieu d'a-*
[*mour.*

12

J'irai la voir un jour,
Si plein de confiance,

Je vais sans défaillance,
Par Elle *au Dieu d'a-*
[*mour.*

13
J'irai la voir un jour,
Si pur comme les Anges,
Je chante ses louanges,
Pour plaire *au Dieu*
[*d'amour.*

14
J'irai la voir un jour,
Si je garde comme Elle
Mon âme toute belle
Aux yeux *du Dieu d'a-*
[*mour.*

15
J'irai la voir un jour,
Si vainqueur de moi-
[même,

Jusqu'à l'heure suprême
Je sers *le Dieu d'amour.*

16
J'irai la voir un jour,
Si dans mon agonie,
Elle m'assiste et prie
Pour moi *le Dieu d'a-*
[*mour.*

17
J'irai la voir un jour,
Si je l'ai pour refuge,
Si par Elle mon Juge,
Me juge *en Dieu d'amour.*

18
J'irai la voir un jour,
Et reposer, j'espère,
Sur le cœur de ma mère
Au sein *du Dieu d'a-*
[*mour.*

Salve regina.

Moderato.   ALOYS KUNC.

2

O Reine des Anges !
Accueille en ce jour
Nos vœux, nos louanges,
Nos hymnes d'amour.

3

Vois toute la terre
Accourir ici :
Le malade espère,
Le pécheur aussi.

4

Daigne de ton trône
Abaisser vers nous
Ton front qui rayonne,
Ton regard si doux.

5

Ici qui n'acclame
Ton nom plein d'attraits !
Et qui ne proclame
Tes mille bienfaits.

6

Mère, quand tu passes
Versant tes faveurs
Oh ! quel flot de grâces
Coule dans les cœurs !

7

La France te crie :
« Viens à mon secours !
« Sauve la patrie
« Qui t'aime toujours ! »

8

Reine du Rosaire,
Viens la relever ;
Entends sa prière,
Tu peux la sauver.

9

Nous voulons, ô Mère !
T'aimer en tous lieux :
T'aimer sur la terre,
T'aimer dans les cieux.

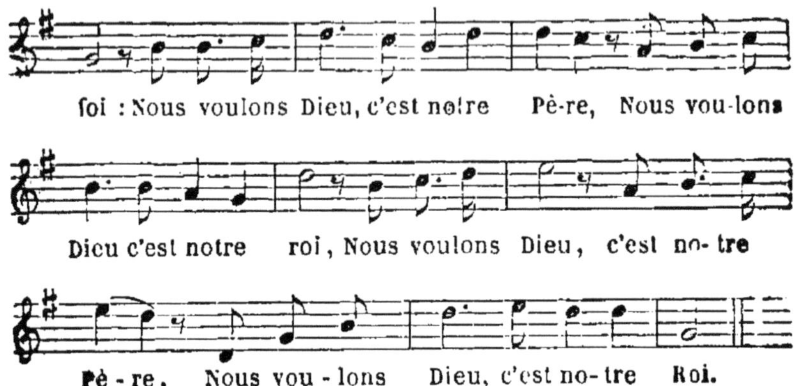

2

Nous voulons Dieu, Vierge Marie
Prête l'oreille à nos accents,
Nous t'implorons, Mère chérie,
Viens au secours de tes enfants.

3

Nous voulons Dieu ! ce cri de l'âme
Que nous poussons à ton autel,
Ce cri d'amour qui nous enflamme,
Pour toi qu'il monte jusqu'au ciel.

4

Nous voulons Dieu, car les impies
Contre Lui se sont soulevés,
Et dans l'excès de leurs furies
Ils le bravent les insensés !

5

Nous voulons Dieu dans nos familles,
Dans l'âme de nos chers enfants ;
Qu'il règne au cœur et de nos filles
Et de nos fils obéissants.

6

Nous voulons Dieu dans nos écoles,
Afin qu'on enseigne à nos fils
Sa loi, ses divines paroles,
Sous le regard du Crucifix.

7

Nous voulons Dieu ! — sa sainte image
Doit présider aux jugements ;
Nous le voulons au mariage
Comme au chevet de nos mourants.

8

Nous voulons Dieu dans notre armée,
Afin que nos jeunes soldats
En défendant la France aimée,
Soient des héros dans les combats.

9

Nous voulons Dieu, pour que l'Eglise
Puisse enseigner la vérité,
Combattre l'erreur qui la divise,
Prêcher à tous la vérité.

10

Nous voulons Dieu ! — de la loi sainte
Jurons d'être les défenseurs,
De le servir libres, sans crainte ;
Jusqu'à la mort à Lui nos cœurs.

11

Nous voulons Dieu ! — que sa clémence
Exauce nos ardents désirs ;
S'il faut du sang pour ta défense,
Seigneur, nous serons tes martyrs !

12

Chrétiens, notre antique alliance,
Renouons-la dans ce saint lieu.
Et crions au nom de la France :
« Oui, Dieu le veut, — Nous voulons Dieu. »

Catholique et Français toujours

Martineau.

2. Comme à Bernadette ravie
   Parle à nos cœurs en ce beau jour.
   Ranime en nous, Vierge Marie,
   La foi, l'espérance et l'amour.

3. Vierge de Lourdes, notre égide,
   Ton peuple ne veut pas mourir :
   Ecarte un ennemi perfide,
   Empêche la foi de périr.

4. Console-toi, Vierge Marie,
   La France revient à son Dieu.
   Viens, souris à notre Patrie ;
   D'être chrétienne elle a fait vœu.

5. Ton nom a volé sur les nues
   Jusqu'aux confins de l'univers,
   Jusqu'aux terres presque inconnues
   Ta gloire a traversé les mers !

6. Ton image auguste et sacrée
   Partout brille sur nos autels,
   Et de Lourdes l'Immaculée
   Sera le salut des mortels.

7. Dans ton onde miraculeuse
   L'infirme trouve la santé,
   Du pécheur l'âme malheureuse
   Y recouvre la sainteté.

8. O règne, règne, bonne Mère,
   Tes enfants sont à tes genoux.
   Sois leur refuge sur la terre,
   Sauve la France, sauve-nous.

9. La France veut rester fidèle
   A l'Eglise, au Pontife-Roi,
   Elle est à toi !... Veille sur elle,
   Garde-lui son Christ et sa Foi.

10. Elle assiège ton sanctuaire,
    Elle accourt dans tes saints parvis.

Obtiens-lui grâce, ô douce Mère !
Fléchis le cœur de Dieu ton Fils !

11. Qu'avec l'exil de cette vie,
Nos maux finissent à jamais ;
Fais qu'en la céleste patrie
Nous puissions chanter tes bienfaits.

Magnificat à Notre-Dame de Lourdes,

2

Neiges illuminées
Par l'éclat des beaux
[jours.
Montagnes fortunées,
Chantez, chantez tou-
[jours.

3

Gave à l'eau cristalline,
Au murmure si doux,
Au pied de la colline.
Tu chantes avec nous :

4

Source de Bernadette,
Ton onde qui jaillit
Dans la vallée répète
Et le jour et la nuit :

5

Grotte de Massabielle,
Toujours tu resplendis
D'une clarté nouvelle
Et toujours tu redis :

6

Les oiseaux, la verdure,
Et l'églantier fleuri,
Tout, ô belle nature,
Laisse échapper ce cri :

7

Que d'heureuses jour-
[nées !
Que de retours à Dieu !
Que d'âmes pardonnées
Ont redit en ce lieu :

8

Retrouvant l'innocence,
Le pécheur repentant,
Plein de reconnaissance,
Dit joyeux et content :

9

Ici le boiteux prie
Et marche sans effort ;
Et le muet s'écrie
Dans un divin transport :

10

O saint anniversaire,
Où la France à genoux
Déroule son rosaire
Et dit ce chant si doux :

11

O Mère Immaculée,
Les peuples tour à tour,
Devant la Grotte aimée
Chantent avec amour :

12

Enfants de Saint-Etienne,
Et pèlerins rémois,

Chantons à notre Reine,
Chantons tous à la fois :

13

Puissions-nous, ô Marie,
Ceints de couronnes d'or,
Vous voir dans la patrie,
Et vous chanter encor.

Cantique en forme de Litanies (1)

(1) Cantique extrait de la collection « Le Chant populaire »
de la *Schola Cantorum*, 269, rue Saint-Jacques, Paris. Repro-
duction interdite.)

La Schola Cantorum est une Société fondée pour encourager
l'exécution du plaint-chant selon la tradition grégorienne et
la remise en honneur de la musique palestrinienne.

Elle possède un Bulletin périodique : « *La Tribune de
Saint-Gervais* ». Elle dirige avec grand succès une Ecole de
Chant liturgique et de musique religieuse.

2. F. *O Mère très pure [teur!*
   Du Christ Rédemp-
   H. Mère sans souillure,
   Mère du Sauveur.

   F. *Vierge vénérée,*
   Mystique attribut.
   H. Mère **très aimée**,
   Porte du salut !

Tous : **Vierge Marie, priez pour nous.**

3. F. *Vierge très prudente,*
   Guidez nos combats.
   H. Fidèle et clémente,
   Ouvrez-nous vos bras.

   F. *O divine flamme,*
   Astre du matin.
   H. Nard, baume et cin-
   Céleste jardin. [name,

Tous : **Vierge Marie, priez pour nous.**

4. F. *Miroir de justice,*
   Palais du grand Roi.
   H. Mystique édifice,
   Arche de la loi.

   F. *O céleste tige,*
   Branche de Jessé.
   H. Illustre prodige,
   Au monde annoncé.

Tous : **Vierge Marie, priez pour nous.**

5. F. *Reine Immaculée,*
   O fille d'Aaron.
   H. Fleur de Galilée,
   Rose de Saron.

   F. *Tendre et chaste Mère,*
   Pleine de bonté.
   H. Vois notre misère,
   Lis de pureté.

Tous : **Vierge Marie, priez pour nous.**

6. F. *Reine des saints Anges,*
   Secours des chrétiens.
   H. A toi nos louanges,
   Trésor de tous biens.

   F. *Reine du Rosaire.*
   O temple immortel.
   H. A toi ma prière,
   Parure du ciel.

Tous : **Vierge Marie, priez pour nous.**

7. F. *Trône de sagesse,*
   O vase d'honneur.
   H. Sois notre allégresse,
   Notre seul bonheur.

   F. *Sois notre espérance,*
   Guéris nos langueurs.
   H. Notre délivrance,
   Salut des pécheurs.

Tous : **Vierge Marie, priez pour nous.**

L'AVE DE LA BOURGOGNE

2
Salut, Sainte Marie,
Votre nom immortel,
Pour toute âme qui prie
Est un vrai chant du Ciel.

3
Salut, Eve nouvelle,
Mère du Dieu vivant,
Dont la gloire étincelle
Aux champs du firma-
4 [ment.
Des Vierges la plus sainte,
O gloire de Sion,
Nulle éternelle atteinte
Ne ternit votre front.

5
Salut, Vierge bénie,
Mère de Jésus-Christ,
L'auteur de toute vie
Dans vos bras nous sourit.

6
Salut, Mère de grâce,
Dieu dépose en vos mains
Le trésor efficace
De tous les dons divins.

7
Salut, Mère très pure.
Votre cœur virginal
Fut toujours sans souil-
[lure,
Plus pur que le cristal.

8
Salut, Mère très chaste,
Lis brillant et sacré
Qu'aucun souffle néfaste
N'a jamais effleuré.

9
Salut, Beauté suprême,
Votre Maternité
Garde le diadème
De la Virginité.

10

Salut, Sainte Madone,
Vous êtes l'Arc-en-Ciel,
Qui sur nos fronts rayonne
D'un éclat immortel.

11

Salut, ò Mère aimable,
Trésor de Sainteté
Chef-d'œuvre incompa-
[rable
De grâce et de beauté.

12

Salut, Mère admirable,
Votre splendeur ravit,
En extase ineffable,
Même le pur esprit.

13

Salut, céleste Mère,
Du Dieu qui du néant
Créa le ciel, la terre,
Et le vaste océan.

14

Salut, Vierge attendue,
O Mère du Sauveur,
Notre race déchue
Vous doit son Rédemp-
[teur.

15

Salut, Vierge prudente,
Que jamais ne surprit
En sa rage impuissante
Le séducteur maudit.

16

O Vierge vénérable,
L'univers, devant vous,
D'un accord admirable
Vient fléchir les genoux.

17

Salut, Vierge très sage,
Les siècles à venir
Béniront d'âge en âge
Votre doux souvenir.

18

Salut, Vierge puissante,
En tout temps, en tout lieu
Votre voix suppliante
Obtient tout du bon Dieu.

19

Salut, Vierge clémente,
Vous dont le cœur si bon
A l'âme confiante
Apporte le pardon.

20

Salut, Vierge fidèle,
Vous accordez toujours
Au cœur qui vous appelle
Assistance et secours.

21

Salut, Vierge propice,
O vous qui de Jésus,
Vrai miroir de Justice,
Reflétez les vertus.

22

Trône de la sagesse,
Votre âme resplendit
De toute la richesse
Des dons du Saint-Esprit

23

Mère, votre naissance,
Fut, pour l'homme pécheur,
L'aube de l'espérance,
Du salut, du bonheur.

24

Salut, pleine de grâce,
Océan de vertus,
Votre gloire surpasse
La gloire des élus.

25

Salut, Vierge sublime,
En vous, vase d'honneur,
La divine victime,
Prit son sang rédemp-
[teur.

26

Salut, pieuse Mère,
Foyer d'amour divin,
Obtenez-nous sur terre
L'ardeur du séraphin.

27

Salut, rose mystique
Du parterre enchanté,
Emblême allégorique
D'ardente charité.

28

Salut, Tour redoutable
Au démon séducteur,
Asile inviolable
Du malheureux pécheur.

29

Salut, ô tour d'ivoire,
Rempart au front sacré,
Donnez-nous la victoire
Sur l'enfer conjuré.

30

O Vierge tutélaire,
Maison d'or que Jésus,
En s'incarnant sur terre
Embellit de vertus.

31

Belle arche d'alliance,
En vous l'Emmanuel
Daigna dans sa clémence
Unir la terre au ciel.

32

Salut, Vierge immortelle
Porte du Paradis,
A votre enfant fidèle
Ouvrez les saints Parvis.

33

Salut, douce lumière
Etoile du matin ;
Des mortels sur la terre,
Eclairez le chemin.

34

Vous êtes, Vierge sainte,
Le salut du souffrant,
Ouvrez à toute plainte,
Un cœur compatissant.

35

Salut, Vierge Marie,
Refuge du pécheur,
A toute âme meurtrie
Rendez le vrai bonheur.

36

Salut, Consolatrice
Des affligés en pleurs ;
Eloignez le calice
Des amères douleurs.

37

Salut, puissante Mère,
Vrai secours du chrétien
En vous l'Eglise espère,
Vous êtes son soutien.

38

Salut, Reine des Anges,
Dans la céleste Cour,
Tous chantent vos louanges
En un concert d'amour.

39

Vous êtes sans égale,
O Fille de Judas,
La foi patriarcale
Vous chante l'Hosanna.

40

De leur ère lointaine
Les prophètes sacrés
Vous saluèrent Reine,
En leurs chants inspirés.

41

Votre nimbe sans voiles,
Reine du Paradis,
Montre ses douze étoiles
Aux apôtres ravis.

42

Salut, Reine honorée
Des martyrs triomphants
Leur phalange sacrée
Vous adresse ses chants.

43

Salut, Reine bénie
Des vaillants confesseurs
A l'Eglise asservie
Donnez des défenseurs.

44

Les Vierges triomphantes
Vous entourent en chœur
Et forment souriantes,
Votre garde d'honneur.

45

Salut, ô Notre-Dame,
Bel Eden des vertus,
Tout le ciel vous proclame
La Reine des Elus.

46

O Reine Immaculée,
Le vice originel
Ne vous a point souillée
De son souffle mortel.

47

O Reine du Rosaire,
Jusqu'à mon dernier jour,
Je veux sur cette terre,
Redire avec amour :

JE SUIS CHRÉTIEN. VOILA MA GLOIRE

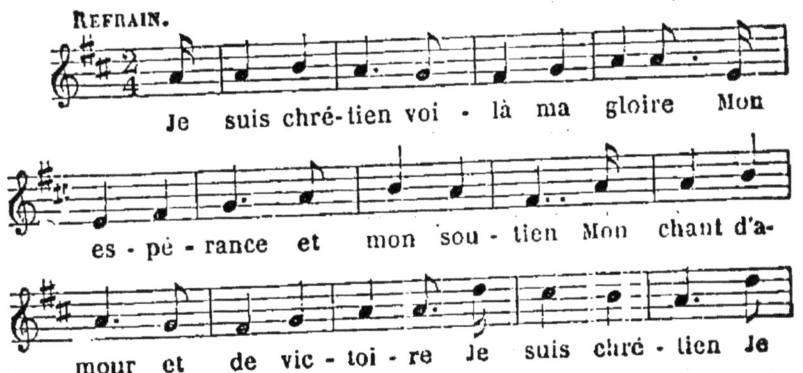

2

Je suis chrétien, sur cette terre
Je passe comme un voyageur ;
Tout ici-bas n'est que misère,
Je vais au ciel et au bonheur.

3

Je suis chrétien ; par mon baptême,
Je l'ai juré dans le saint lieu
Et je le jure à l'instant même ;
Je suis chrétien ! Je suis à Dieu.

4

Je suis chrétien ; jadis ma mère
Me faisait prier à genoux ;
J'aime à redire sa prière ;
« Seigneur, ayez pitié de nous. »

5

Je suis chrétien, et ma pensée
Revient sans cesse à ce beau jour,
Où comme à la fleur la rosée,
Vint à mon cœur le Dieu d'amour.

6

Je suis chrétien ; mais la jeunesse
A livré mon cœur au plaisir ;
Aujourd'hui le remords m'oppresse :
Pour Dieu je veux vivre et mourir.

7

Je suis chrétien ; sur le Calvaire,
Un Dieu fait homme est mort pour moi.
Oh ! prends pitié de ma misère,
Seigneur Jésus, je suis à toi.

8

Je suis chrétien ; dans cette vie
Ma voie est pleine de douleurs ;
Mais un Dieu l'a d'abord suivie ;
Chrétien, courage ; en haut les cœurs !

9

Je suis chrétien ; en ce bas monde,
Tout n'est hélas ! que vanité,
Et la vertu seule est féconde
Pour le temps et l'éternité.

Cœur transpercé pour nous.

(Amende honorable au Cœur de Jésus).

Adagio expressivo dolce.   Vᵉ de Mintier

2 De la France outrageant le Dieu qui fit sa gloire
    Ne vous souvenez plus : *(bis)*
  De la France avec Dieu marchant à la victoire
    Souvenez-vous, Jésus ; *(bis)*
3 De la France jetant l'insulte à votre face
    Ne vous souvenez plus ; *(bis)*
  De la France à genoux qui vous demande grâce
    Souvenez-vous, Jésus ! *(bis)*

4 Du glaive déchirant votre Eglise immortelle
  Ne vous souvenez plus ; (*bis*)
  Des nobles défenseurs qui sont tombés pour elle
  Souvenez-vous, Jésus ! (*bis*)

5 De l'insensé qui veut corrompre la famille
  Ne vous souvenez plus ; (*bis*)
  Du pudique foyer où l'innocence brille
  Souvenez-vous, Jésus ! (*bis*)

6 De ceux qui de nos fils voudraient perdre les âmes
  Ne vous souvenez plus ; (*bis*)
  De ces maîtres zélés qui brûlent de vos flammes
  Souvenez-vous, Jésus ! (*bis*)

7 De ce demi-savoir qui contre Dieu conspire
  Ne vous souvenez plus ; (*bis*)
  Du savoir éclairé qui de la foi s'inspire
  Souvenez-vous, Jésus ! (*bis*)

8 De la bouche sur Dieu vomissant le blasphème
  Ne vous souvenez plus ; (*bis*)
  De ce pauvre ouvrier qui prie et qui vous aime
  Souvenez-vous, Jésus ! (*bis*)

9 Du travail insultant au repos du Dimanche
  Ne vous souvenez plus ; (*bis*)
  Des foules dont le cœur dans votre cœur s'épan-
  Souvenez-vous, Jésus ! (*bis*)   [che

10 De ces hommes sans foi qui profanent la tombe
   Ne vous souvenez plus ; (*bis*)
   De l'âme vers le ciel montant, chaste colombe
   Souvenez-vous, Jésus ! (*bis*)

11 Des chrétiens effaçant le sceau de leur baptême
   Ne vous souvenez plus ; (*bis*)
   Des chrétiens éprouvés et fidèles quand même
   Souvenez-vous, Jésus ! (*bis*)

12 De votre autel désert qu'abandonne la foule
   Ne vous souvenez plus ; (*bis*)

Des cœurs tout altérés de votre sang qui coule
   Souvenez-vous, Jésus ! *(bis)*

13 Du pécheur obstiné dans son impénitence
   Ne vous souvenez plus ; *(bis)*
Du pécheur repentant qui prie avec instance
   Souvenez-vous, Jésus ! *(bis)*

14 Des fléaux annoncés du haut de la Salette
   Ne vous souvenez plus ; *(bis)*
De la Vierge qui vit sourire Bernadette
   Souvenez-vous, Jésus ! *(bis)*

15 De nos péchés sans nombre, à notre heure der-
   Ne vous souvenez plus ; *(bis)*   [nière
De nos amis sur nous versant une prière
   Souvenez-vous, Jésus ! *(bis)*

16 Cœur si tendre et si bon, du crime qui déborde
   Ne vous souvenez plus ; *(bis)*
De votre Mère ici criant : miséricorde !
   Souvenez-vous, Jésus ! *(bis)*

Ab. J. Marbœuf, *prof. de philos. au collège d'Ancenis*

AMOUR AU SACRÉ-CŒUR

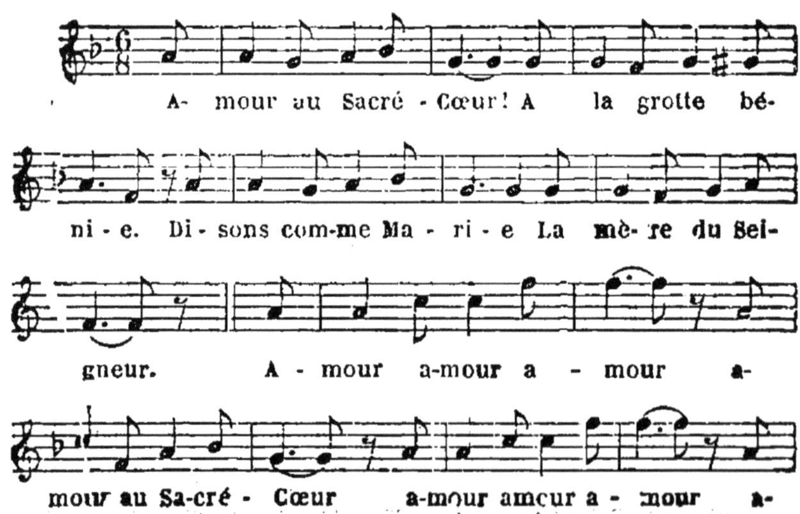

2

Amour au Sacré-Cœur :
O Vierge il doit te plaire,
Ce cri de la prière,
Ce cri de la ferveur :

3

Amour au Sacré-Cœur !
C'est le cœur de Dieu même
C'est le présent suprême
De notre Rédempteur.

4

Amour au Sacré-Cœur !
Pour nous sur le Calvaire
De la souffrance amère,
Il épuisa l'horreur.

5

Amour au Sacré-Cœur !
Pour nous au Tabernacle
Où l'enchaîne un miracle
Il voile sa splendeur.

6

Amour au Sacré-Cœur !
Jésus vivante Hostie,
De ton Eucharistie
Qui dira la douceur ?

7

Amour au Sacré-Cœur !
Que le pécheur l'implore
Il se souvient encore
Qu'il sauva le pécheur.

8

Amour au Sacré-Cœur !
Qu'en lui le juste espère :
Par lui l'on persévère,
Par lui l'on est vainqueur

9

Amour au Sacré-Cœur !
Lui vienne la jeunesse ;
Il soutient sa faiblesse,
Il garde sa candeur.

10

Amour au Sacré-Cœur !
Que la passion gronde,
Ou l'enfer ou le monde :
Il brise leur fureur.

11

Amour au Sacré-Cœur !
Au vieillard qui succombe
Il redit que la tombe
Ouvre un monde meilleur

12

Amour au Sacré-Cœur !
Lui seul il nous console,
Lui seul sait la parole
Qui calme la douleur.

13

Amour au Sacré-Cœur
Au ciel il nous appelle
Pour la fête éternelle
Et l'éternel bonheur.

CANTIQUE AU SACRÉ-CŒUR

Air connu

1 Pitié, mon Dieu ! c'est pour notre patrie
Que nous prions au pied de cet autel.
Les bras liés et la face meurtrie,
Elle a porté ses regards vers le ciel.

REFRAIN

Dieu de clémence,
Dieu protecteur,
Sauvez, sauvez la France ⎱ *bis.*
Au nom du Sacré-Cœur ⎰

2 Pitié, mon Dieu ! Sur un nouveau Calvaire
Gémit le Chef de votre Eglise en pleurs ;
Glorifiez le successeur de Pierre
Par un triomphe égal à ses douleurs.

3 Pitié, mon Dieu ! la Vierge Immaculée
N'a pas en vain fait entendre sa voix.
Sur notre terre ingrate et désolée
Les fleurs du Ciel croîtront comme autrefois.

4 Pitié, mon Dieu ! pour tant d'hommes fragiles
Vous outrageant sans savoir ce qu'ils font ;
Faites renaître, en traits indélébiles,
Le sceau du Christ imprimé sur leur front !

5 Pitié, mon Dieu ! votre Cœur adorable
A nos soupirs ne sera pas fermé ;
Il nous convie au mystère ineffable
Qui ravissait l'Apôtre bien aimé.

6 Pitié, mon Dieu ! que la source de vie
Auprès de nous ne coule pas en vain,
Mais qu'en ces lieux Marguerite-Marie
Nous associe à son tourment divin.

7 Pitié, mon Dieu ! quand, à votre servante,
De votre Cœur, vous dévoiliez l'amour,

Vous avez vu la France pénitente
A ce trésor venant puiser un jour.

8   Pitié, mon Dieu ! trop faibles sont nos âmes
Pour désarmer votre juste courroux ;
Embrasez-les de généreuses flammes
Et rendez-les moins indignes de vous.

9   Pitié, mon Dieu ! si votre main châtie
Un peuple ingrat qui semble la braver,
Elle commande à la mort, à la vie
Par un miracle elle peut nous sauver !

CINQUIÈME PARTIE

GUIDE DU PÈLERIN
(Géographie et Histoire)

Pour aller de Reims à Lourdes, l'itinéraire est très variable, selon que nous devons visiter Paray-le-Monial, Issoudun, Brives, Poitiers, Tours, etc. Il nous est donc impossible d'en donner ici la description. Mais cette lacune sera comblée par le supplément spécial que nous ajouterons annuellement au guidon-programme.

Bornons-nous à parler de Lourdes, de Betharram et du trajet ordinaire d'aller. (Au retour, prendre ce même itinéraire en sens inverse).

DE REIMS A LOURDES
LIGNE DE L'EST

Nous quittons *Reims*. La voie ferrée s'engage dans la riante vallée de la Vesle, modeste rivière, enfin redevenue plus salubre. Stations de *Saint-Brice, Muizon, Jonchery-sur-Vesle, Breuil-Romain*, mais nous n'arrêtons pas. — *Fismes* (3,238 hab.) Église monumentale où l'on vénère les reliques de Sainte Macre, vierge martyrisée en ce lieu l'an 287 par les ordres du cruel préfet Rictiovare. — *Bazoches*, restes considérables d'un château converti en ferme. — Pont sur la Vesle, puis on aperçoit à gauche la très belle église de *Mont-Notre-Dame* dont il ne reste actuellement qu'une partie. — *Fère-en-Tardenois* (2367 hab.); on entre ensuite dans la vallée de l'Ourcq. — *Oulchy-le-Château, Neuilly-Saint-Front, La Ferté-Milon*, patrie du célèbre J. Racine ; Statue de ce poète ; église N.-D. (XIIe siècle). Ruines du Château, bâti vers 1400 par Louis d'Orléans. — Après *Lizy-sur-Ourcq*, traversée de la Marne, puis jonction avec la ligne de Paris à Avricourt, avant la station de *Trilport*. On franchit la Marne, puis deux fois le canal de l'Ourcq.

Meaux (12291 hab.) sur la Marne. Buffet. Cathédrale des XIIe et XVIe siècles ; chaire formée des panneaux de celle où prêcha Bossuet, évêque de Meaux sous Louis XIV.

Eglise Saint-Remi, aujourd'hui chapelle du grand séminaire. — *Esbly*. — Tunnel de *Chalifert* ; pont sur la Marne. — *Lagny* (4990 hab.). C'est dans cette ville que Jeanne d'Arc obtint par ses prières la résurrection d'un enfant qui était mort sans baptême. Restes de bâtiments monastiques. — *Chelles*, ancienne résidence des rois mérovingiens ; la reine Sainte Bathilde y avait fondé une abbaye en 660. — *Gagny, le Raincy, Bondy, Noisy-le-Sec*.

LIGNE DE LA GRANDE CEINTURE

Nous quittons la ligne de Paris ; par une direction en sens contraire, nous prenons la ligne de Paris à Mulhouse. On croise l'aqueduc de la Dhuis. — *Rosny-sous-Bois* ; sur la droite, plusieurs forts de l'enceinte de Paris. — *Nogent-sur-Marne*. On franchit deux bras de la Marne et une île sur un viaduc courbe, de 34 arches, long de 827 mètres. A gauche, *Petit-Bry*. On quitte la ligne de Mulhouse pour suivre la Grande Ceinture. On traverse le champ de bataille de Champigny, 30 novembre et 2 décembre 1870. C'est surtout sur la gauche du chemin de fer que l'action fut très sanglante. Sur la montagne qui domine Champigny a été élevé un monument où sont conservés les ossements de la plupart des victimes. Nouvelle traversée de la Marne. — Jonction avec la ligne de Paris à Brie-Comte-Robert. — *La Varenne-Saint-Maur*. — Dernier pont sur la Marne. — *Sucy-Bonneuil*. — Pont sur la ligne de Paris-Lyon-Méditerranée. On côtoie la Seine. — *Villeneuve-Saint-Georges*, grands ateliers de la Compagnie P.-L.-M. Pont sur la Seine. — *Juvisy-sur-Orge*, jonction avec la grande ligne de Paris-Orléans. Château et parc de l'époque de Louis XIV.

LIGNE DE PARIS-ORLÉANS

On suit la vallée de l'Orge. Après *Savigny-sur-Orge*, viaduc sur l'Ivette. — En approchant de *Brétigny*, sur une colline à droite, la fameuse tour de Montlhéry. — *Brétigny*, bifurcation de la ligne de Vendôme et Tours. — *Lardy*, à gauche, tour moderne de *Janville*. — *Chamarande*, château bâti par Mansard. — *Étampes* (buffet) 8573 hab. ; église Saint-Martin XIIe siècle avec tour isolée du XIVe siècle, église Saint-Basile des XIe, XIIe et XIVe siècles, église Notre-Dame des XIe, XIIe siècles, dont le magnifique clocher du XIIe siècle mesure 62 mètres. — Viaduc. — Rampe de 6 Kilomètres qui conduit au plateau de la Beauce, pays plat, monotone, peu habité mais très fertile en céréales. — *Toury*, église du XIIIe siècle. — *Artenay* ; à une distance d'environ 12 kilomètres, vers la droite, se trouve *Patay*, illustré en 1429 par une grande victoire de Jeanne d'Arc sur les Anglais et en 1871 par l'immortel combat dans lequel les zouaves pontificaux firent des prodiges d'héroïsme sous les plis de l'étendard du Sacré-Cœur. — Après *Chevilly*, à l'est, s'étend la forêt d'Orléans (40.308 hectares) dont on traverse une partie.

Les Aubrais (buffet) succursale de la gare d'*Orléans*, destinée aux arrêts des trains express. À une distance de 2 kilomètres se trouve la ville d'*Orléans* (63.705 hab.) sur la Loire. Belle cathédrale dédiée à Sainte-Croix, des XIIIe et XVIIe siècles ; nombreux souvenirs de Jeanne d'Arc qui, le 8 mai 1429, délivra cette ville du long siège que lui faisaient subir les Anglais. — *Meung* (3.373 hab.) où Jeanne d'Arc remporta une seconde victoire sur les Anglais. — Viaduc de 25 arches sur le ruisseau des Trois-Mauves. — *Beaugency* (4313 hab.) nouvelle victoire de Jeanne d'Arc. Eglise Notre-Dame du XIe siècle ; château construit par Dunois au XVe siècle. — *Blois*, (23,457 hab.) (buffet). Célèbre château construit par Louis XII, François Ier et Gaston d'Orléans. Cathédrale Saint-Louis, XVIIe siècle ; église Saint Saturnin, XVe et XVIe siècles ; église Saint-Nicolas, XIIIe siècle. — *Amboise* (4,480 hab.) château très remarquable construit par Charles VIII. Au sud de la ville, domaine de Clos-Lucé où mourut Léonard de Vinci en 1519.

Saint-Pierre-des-Corps (buffet), succursale de la gare de *Tours* pour les trains qui ne continuent pas jusqu'à la ville. — *Tours* (buffet) 60.335 hab. ; cathédrale Saint-Gatien, en grande partie du XIIIe siècle, superbes vitraux de la même date ; église Saint-Julien du XIIIe siècle avec une tour du XIe siècle ; restes de l'abbaye de Saint-Martin dont subsistent deux tours du XIIe siècle ; église Notre-Dame-la-Riche du XVIe siècle ; maison de M. Dupont, le saint homme de Tours, qui propagea étonnamment le culte de la Sainte-Face de N.-S. J.-C.. A deux kilomètres de la ville, restes de la célèbre abbaye de *Marmoutiers*, XIIIe siècle.

En sortant de *Saint-Pierre-des-Corps*, pont de six arches sur le Cher. Viaduc de Grandmont. Château de *Condé* (1508). On traverse la vallée de l'Indre sur un viaduc de 59 arches, long de 751 mètres et haut de 21 mètres. — *Villeperdue*. A 9 kilomètres vers le sud, *Sainte-Catherine-de-Fierbois*, avec une église (pèlerinage) bâtie par Charles VII et Louis XI, où Jeanne d'Arc, en 1429, envoya chercher l'épée qu'elle porta en combattant les Anglais. — Viaduc de 15 arches, haut de 31 mètres sur la Manse. — *Sainte-Maure*. — *Port-de-Piles*. Pont sur la Creuse ; on remonte la rive droite de la Vienne. — *Les Ormes*, château. — *Chatellerault*, 22,522 hab. ; (buffet) Eglise Saint-Jacques, XIIe siècle. Eglise Saint-Jean-Baptiste, XVIe siècle, Importante manufacture d'armes. Coutelleries renommées. Belle cloche, don de l'empereur de Russie en 1897. — On traverse la Vienne, puis on remonte la rive gauche du Clain. *Les Barres*. Sur la rive droite du Clain, ruines romaines du *vieux Poitiers*, et célèbre *menhir* avec inscription gauloise. Tout près de là, emplacement de la bataille où Charles-Martel défit les Sarrazins, en 732. — *Chasseneuil*.

Poitiers (buffet), 37,497 hab. Station annuelle du pèlerinage national. Basilique et pèlerinage très fréquenté de Ste-Radegonde. Celle-ci, reine de France, ayant obtenu de son époux Clotaire 1er la permission d'entrer dans le cloître, vint à Poitiers bâtir auprès de l'Eglise Saint-Hilaire un monastère et une église. L'empereur Justin lui fit don d'un morceau considérable de la vraie Croix, d'où vint à son monastère le nom de *Sainte-Croix*. Miracles nombreux à son tombeau. — Notre-Dame-la-Grande, église romane des Xe et XIIe siècles où l'on vénère la statue de N.-D. des Clefs. Sépulture de Mgr le Cardinal Pie. — La Cathédrale St-Pierre, du XIIe siècle, achevée au XIVe. — Eglise *Saint-Hilaire* dont l'abside et le transept remontent aux VIIIe et IXe siècles ; la nef à six bas-côtés est moderne.

Au sortir de la gare de Poitiers, tunnel de 300 mètres quatre ponts sur le Clain. — *Saint-Benoit* et ses belles vallées. — *Ligugé*. Souvenir du plus ancien monastère des Gaules. Séjour du thaumaturge Saint-Martin. Près de la voie ferrée, chapelle de la résurrection du Catéchumène : église abbatiale du XVIe siècle, et monastère des Bénédictins, vaillants émules de leurs frères de Solesmes pour la restauration du chant grégorien. Après le tunnel d'*Iteuil*, pèlerinage de Saint-Benoît-Joseph Labre à *Marçay*. — Après *Couhé-Vérac*, on monte sur le plateau qui separe le bassin de la Vienne de celui de la Charente. — *Saint-Saviol*, près de la station, dolmen de *Pierre-Pèse* ou de *Panessac*. — *Ruffec* (buffet), 3727 hab. ; (église du XVIe siècle) — Tunnel. — A *Luxé*, on franchit la Charente.— *Saint-Amant-de-Boixe*, église abbatiale des XIIe, XIIIe et XIVe siècles. — *Angoulème* (buffet) 36,690 hab. ; offrons nos hommages à N.-D. d'Obesine. C'est une statue trouvée il y a cinq cents ans par une bergère sur le flanc de la colline où s'élève la ville. Transportée en un lieu différent, la statue revint d'elle-mème trois fois. Son sanctuaire, confié à la garde des fils du B. Montfort, est grandement en honneur. — Cathédrale *Saint-Pierre*, du XIe siècle restaurée au XVe et au XVIIe siècles.

Après avoir traversé le tunnel de 740 mètres qui est sous la ville, et passé sous l'Anguienne, on trouve, à 6 kilomètres, les ruines imposantes de l'abbaye de la *Couronne* (les restes de l'église sont des XIIe et XVe siècles). — On remonte la vallée de la Boëme. — *Monthiers*, église des XIIe et XIVe siècles ; château de la Rochechandry. — Viaduc courbe des Courteaudières, 303 mètres. — Tunnel de *Livernant*, 1,471 mètres ; on longe puis on franchit la Tude. — *Montmoreau*. — *Chalais*. — *Coutras*, sur la Dronne ; (buffet) 4.231 hab. clocher du XVe siècle. — *Libourne* (buffet) 17,867 hab., situé au confluent de la Dordogne et de l'Isle : pont de 220 mètres. Port pour les navires à faible tirant. On honore à Libourne N.-D. de Condat. Eglise gothique des XIVe et XIXe siècles ; clocher à flèche haut de 71 mètres ; deux tours du XIVe siècle sur le quai du port. — On traverse la Dordogne sur un pont de 148 mètres. Viaduc de 1,180 mètres, 100 arches, sur les prairies *d'Arveyres*. On suit la vallée de la Dordogne. Après la *Grave d'Ambarès*, on quitte cette vallée pour entrer dans celle de la Garonne ; 3 tunnels. A *Lormont*, ateliers de construction des navires ; plusieurs tunnels, belle vue sur la Garonne. Viaduc sur la plaine de *Pueyries*. On franchit

la Garonne sur un pont tubulaire de sept travées, long
de 500 mètres, bordé d'une passerelle pour les piétons.
Gare *Saint-Jean*, (buffet) ; point initial des chemins de
fer du Midi.

LIGNE DU MIDI

Bordeaux (252,415 hab.), magnifique pont de pierre,
487 mètres de longueur. Cathédrale Saint-André, XIIIe
siècle ; église et flèche de Saint-Michel, XVe siècle ;
église Sainte-Croix, XIIe siècle ; église Notre-Dame XIIIe
et XVIIIe siècles ; église Saint-Seurin, XVe siècle.

Bordeaux garde les souvenirs de Saint-Martial qui dédia
la cathédrale à saint André, de saint Amand et de saint
Séverin. On y trouve N.-D. de Talence, madone célèbre
par une multitude de prodiges. A l'embouchure de la
Gironde est N.-D. de Soulac. Suivant une tradition,
sainte Véronique y mourut. L'héroïque Gauloise qui
essuya la face du Sauveur sur la voie douloureuse, dédia
en mourant un oratoire à la Vierge Marie. Dans une autre
direction, mais aussi à une grande distance, est N.-D. de
Verdelais.

A *Gazinet* (14 kil.) voici les Landes avec leurs forêts
de sapins mélancoliques et monotones.

A *Arcachon* (bifurc. de Lamothe) on honore N.-D. de
Bon Port. A Ichoux, N.-D. d'Ichoux est en grand honneur
parmi les pêcheurs des bords de l'Océan. Ils s'y rendent
montés sur leurs échasses le jour de l'Assomption.

Après Morcenx, à la station d'*Igos*, le matin du couronnement, 3 Juillet 1876, un train du Pèlerinage de Niort
fut préservé dans une rencontre avec un express qui
aurait pu causer une affreuse catastrophe. Les trains
ordinaires, dans des occasions semblables, sont cruelle-
ment éprouvés : Marie s'est toujours plue à garder
ses pèlerins.

Tout près d'Igos est N.-D. de la Capère.

Si l'on suit la ligne de Tarbes, après *Mont-de-Marsan*,
on entre dans la vallée de l'Adour. A *Aire* est le tombeau
de sainte Quitterie vierge et martyre. On franchit l'Adour
à *Saint-Germé*. On entre dans le pays de Bigorre où l'on
commence à apercevoir les montagnes. A *Tarbes*
(25.000 hab.), de la gare très joli panorama des Pyrénées.
La ligne remonte vers Lourdes : encore quelques instants,
et au détour du chemin on apercevra le vieux château,

puis la flèche toute blanche. C'est Lourdes.

Si l'on suit la ligne de Morcenx à Pau, à sept kil. avant *Dax*, n'oubliez pas N.-D. de *Buglose* : le sanctuaire est tout proche de la voie ferrée, à gauche.

Le pèlerinage est très ancien. La statue, perdue lors des guerres de religion, fut retrouvée miraculeusement en 1620 par un petit berger. Celui-ci fut attiré par les mugissements d'un bœuf occupé à lécher la statue ensevelie dans un marais.

Nous sommes tous près du lieu natal de saint Vincent de Paul. Là bas est le chêne sous lequel le saint abritait son troupeau quand il était enfant.

A *Dax*, eaux chaudes et boues thermales (10.000 hab.). On quitte la vallée de l'Adour à *Puyoo* pour entrer bientôt dans celle du Gave de *Pau*.

A *Pau*, on honore N.-D. de Bout-du-Pont en face le château, sur le pont que traverse l'Adour. Henri IV dès sa naissance fut mis sous son patronage : A Betharram saluez l'antique madone et le Calvaire. Encore quelques kilomètres et la Grotte bénie apparaît. Voici la flèche, la gracieuse basilique. Vous êtes à Lourdes, ne pensez plus qu'à Marie : *Ave Maria*.

LOURDES

Situation et aspect. — Lourdes, 6.976 habitants, célèbre par son pèlerinage, est un chef lieu de canton du département des Hautes-Pyrénées, et le siège du tribunal civil de l'arrondissement d'Argelès. Lourdes, à 858 kilomètres de Paris, à 519 kilomètres de Poitiers et à 470 de Niort, est situé sur les bords du Gave de Pau (1), au point de jonction des vallées du Gave et de la Geune, au débouché de la vallée d'Argelès et de tout le pays de Lavedan. Le Gave reçoit le Lapaca qui coule dans un ravin près de la gare, et la Merlasse qui se jette dans le Gave près de la grotte de Massabielle.

Lourdes se cache dans une petite plaine entourée au sud-est par le Jer qui présente deux têtes aiguës, le grand Jer (950 mètres) et le petit Jer (650 mètres), le Turoun de ras Justissias ; au sud-est aussi par le Gave, qui baigne les pieds du *Béout*, qui a, comme son voisin, deux coupoles distinctes : l'une a 792 mètres, l'autre

(1) Dans les Pyrénées, tous les torrents prennent le nom générique de Gave. On dit le gave de Pau, le gave de Cauterets, etc.

478 mètres. Le Béout s'appuie au rocher des Spélugues, qui lui-même a pour contrefort le rocher de Massabielle.

De la gare le voyageur peut jouir d'un magnifique panorama. Indiquons les pics qui se dressent devant lui. Au sud-est est le petit Jer et le grand Jer ; au sud-ouest le grand et le petit Béout : — derrière le Béout, le pic d'Alian, une brèche dite de Roland, ou brèche de deux heures, parce qu'il est deux heures quand le soleil est sur la brèche. Des hauteurs du Buala on voit au loin : le pic du midi, 2877 mètres, le Mont-Aigu 2317 mètres, les pics de Léhus, de Barané, de Moulata, etc.

Au fond de la vallée d'Argelès (sud), le pic de Soulom dominé par le Viscos (2141 m.), le Badet d'Aubist (2.701 m.), le pic d'Ardiden (2988) m.), le Vignemale (3290 m.). Au-dessus d'Alian apparaissent les sommets du Cabalires (2333 m.) et du Gabiso.

Lourdes est dominé au sud-est par son château-fort bâti sur un rocher abrupt. Le château sépare la ville en deux quartiers : la vieille ville à l'est, à l'ouest la nouvelle ville. Sur les bords du Gave sont la Grotte des apparitions de la Vierge immaculée, la basilique supérieure, et l'église du Rosaire précédée du vaste hémicycle et de la magnifique esplanade destinée aux processions.

Histoire. — C'est à son château que Lourdes doit son origine, gauloise probablement. D'après la légende, Charlemagne aurait pris ce château appelé alors Mirambel (*Mirabillis* belle vue) et occupé par Mira, prince sarrazin. Pendant le siège du château, un aigle apparut soudain sur la tour la plus élevée de la citadelle et y laissa tomber un poisson. L'émir envoya le poisson à Charlemagne et lui fit dire qu'il n'était pas entièrement dépourvu de vivres puisqu'il prenait de tels poissons dans son vivier. Toutefois il finit par capituler. Il se convertit. En cédant le château, le Sarrazin stipula, dit la Chronique, que devenant le chevalier de Notre-Dame, la Mère de Dieu, il entendait que son comté, libre de tout fief terrestre, ne relevât que d'elle seule. C'est pour cette tradition que le château fut appelé Lordes ou Lourdes. Les armes de la ville rappellent le souvenir de l'aigle et du poisson.

Lourdes porte *de gueule à trois tours d'or maçonnées de sable, sur roc d'argent. La tour du milieu est sur-*

montée d'un aigle de sable déployé, membré d'or, tenant au bec une truite d'argent.

Durant toute la période du moyen-âge, le château de Lourdes fut un centre de terreur pour le pays environnant. Tantôt au nom des Anglais, tantôt au nom des comtes de Bigorre, il était occupé par des espèces de capitaines-brigands qui, au fond, ne relevaient guère que d'eux-mêmes et qui rançonnaient les habitants de la plaine à quarante ou cinquante lieues à la ronde. Ils avaient, raconte-t-on, l'incroyable audace d'aller faire main-basse sur les choses et sur les gens jusqu'aux portes de Montpellier ; puis ils rentraient, en véritables oiseaux de proie, dans leur aire inaccessible.

Au XVIIIe siècle, le château de Lourdes devint prison d'Etat. Il a été occupé dans ces derniers temps par un détachement d'artillerie. On en a fait depuis un Musée.

Itinéraire. — De la gare à la Grotte (1500 mètres environ) on laisse à droite l'Hospice municipal, on prend le nouveau boulevard, tout bordé d'hôtels et de magasins de piété. Remarquer à gauche, en contrebas, la maison où naquit, le 7 janvier 1844, Bernadette Soubirous (décédée au couvent de Saint-Gildart de Nevers en 1879). On peut visiter la maison encore occupée par les membres de la famille Soubirous. On franchit le Gave sur le nouveau pont et on a devant soi la magnifique esplanade qui conduit aux sanctuaires et à la Grotte. A l'entrée de ce parc on voit la statue de saint Michel et le Calvaire Breton ; à l'autre extrémité une belle statue de Marie *(Maison Raffl)* indique l'endroit du Couronnement solennel de Notre-Dame de Lourdes fait au nom de Pie IX par le Nonce apostolique en présence d'une multitude d'évêques en 1876. A droite l'abri ouvert aux pèlerins. Au delà du Gave s'étage à mi-côte et sur la colline, l'orphelinat des Sœurs de Nevers, le Carmel, le Couvent des Dames de l'Assomption, et plus loin celui des Dominicaines. Au fond de la vallée apparaît le couvent des Sœurs bleues ou Sœurs de l'Immaculée Conception.

Sur la gauche la ville et le Calvaire.

En face est l'hémicycle dont les rampes gracieuses encadrent l'église du Rosaire et conduisent à la basilique. La flèche aérienne domine gracieusement cet ensemble.

La Grotte. — En passant sous les arcades, près du Bureau des Constations (où les médecins examinent les guérisons), on se dirige vers la grotte des Apparitions. Elle est toute tapissée de béquilles ; des cierges y brûlent sans cesse en grand nombre. On y célèbre la sainte Messe le matin et on peut y faire la sainte Communion. On peut y entrer à certaines heures. *Entrer par la droite, près de la chaire, et sortir par la porte de gauche, après avoir baisé le rocher.* — Dans l'angle gauche, la fontaine miraculeuse (85 litres par minute). La statue de la Grotte est de Fabisch. — Sur la gauche de la Grotte, les robinets de la fontaine, les piscines des malades, une librairie où se trouvent toutes les publications faites sur les miracles de Lourdes.

La Basilique. — On peut y monter de la Grotte par les lacets. Elle s'élève sur la roche de Massabielle (1) au-dessus de la Grotte. Construite par Hippolyte Durand (style du XIIIe siècle), elle a une longueur de 51 mètres, sur une largeur de 21. Elle n'a qu'une seule nef, mais sur les côtés se suivent une multitude de chapelles communiquant entre elles, un faux triforium et cinq absides rayonnant autour du chœur. On est émerveillé par le coup d'œil magnifique que présentent les 300 bannières (2) qui la décorent, les drapeaux aux couleurs nationales des principaux pays du monde, les *ex-voto* sans nombre qui recouvrent ses murailles : croix d'honneur, épées, peintures, cœurs d'or, etc., etc. — Le maître-hôtel en marbre blanc (Bresson et Bouvet) est surmonté de l'admirable statue de Notre-Dame (Cabuchet) ; 20 lustres et 12 lampes ornent le chœur. — Dans la chapelle du Sacré-Cœur, la statue est l'œuvre de Cabuchet. Remarquer un groupe de Fabisch dans la chapelle de Notre-Dame du Rosaire. — Les verrières de la nef représentent l'histoire de l'Immaculée-Conception ; celles des chapelles l'histoire du Pèlerinage. — Remarquer au sanctuaire les deux grandes verrières géminées : à droite le Vœu de Louis XIII, à gauche le Triomphe de Judith. — Dans la nef on signale l'Annonciation, et la Vision d'Elie au Carmel. — La chaire est en chêne du

1 Massabielle, vieille roche.

2 La place de ces bannières est indiquée d'après un petit volume spécial en vente à Lourdes.

Canada. — L'orgue est de Cavaillé-Coll (25 jeux). — Demander à la sacristie à voir l'ostensoir (Armand Caillat, de Lyon), d'une richesse incomparable (1 m. 25). Il exprime dans sa disposition et ses détails les rapports entre la sainte Vierge et l'Eucharistie. On y compte 63 figures en ronde-brosse, 1033 diamants, 15 émeraudes, des rubis, des perles fines, des améthystes, 462 topazes roses, — en tout 2810 pierres précieuses. — La couronne de Notre-Dame de Lourdes avec ses douze étoiles de diamants, la palme offerte par Pie IX.

A l'extérieur de la basilique, au-dessus de la porte, un portrait de Pie IX en mosaïque, des ateliers du Vatican. Remarquer sous le vestibule la Vierge au signe de la Croix. Du perron, on a une vue splendide ; en face de l'esplanade, la ville, et à l'horizon, les pics lointains d'Ardiden, du Viscos, plus près le grand Jer et le petit Jer, le Calvaire, le Gave, les couvents, les hauteurs du Buala, la Serre de Julos, le Miramont, etc...

La Crypte de la Basilique a été creusée dans le roc. Entre les couloirs et le rocher dont les côtés ont été taillés verticalement, 23 lampes éclairent le sanctuaire. Tout y est grave et recueilli. On y trouve de nombreux ex-voto. On y remarque un chapelet ayant appartenu au curé d'Ars.

L'Eglise du Rosaire. — Elle sert comme de piédestal à la basilique. Elle se compose de 15 chapelles en l'honneur des 15 Mystères. Elles sont ornées de splendides mosaïques, dont la composition est confiée à M. Melchior Doze, de Nîmes. On fait au Rosaire l'Adoration nocturne. Le sanctuaire est dominé par une coupole à campanile. Au tympan du portail, bas-reliefs, représentant la sainte Vierge remettant le Rosaire à saint Dominique. L'Eglise et l'hémicycle sont l'œuvre de Hardy.

L'église du Rosaire a été consacrée solennellement le 6 octobre 1901 par Son Eminence Mgr le Cardinal Langénieux, délégué spécialement par Sa Sainteté Léon XIII.

Maison des Chapelains près de la Basilique. — Les chapelains desservent le sanctuaire et rédigent les *Annales de Lourdes*, chronique mensuelle des pèlerinages.

Le Calvaire. — Il domine la basilique. On y peut suivre les stations du Chemin de la Croix. A la XIIe station, Croix du pèlerinage de Jérusalem portée dans les rues de la Ville Sainte par les pèlerins de la Pénitence. — Vue admirable. On redescend par le chemin des grottes des Espélugues.

Grotté des Espélugues (*Spelunca*, caverne), convertie en chapelle de N.-D. des Sept-Douleurs et de Sainte-Madeleine. — Un peu au-delà de la maison des missionnaires, chalet des évêques et couvent des Sœurs bleues de l'Immaculée-Conception.

En revenant vers la ville et en quittant l'esplanade au bas de l'hémicycle à droite, on traverse l'avenue de la Grotte et on trouve rue Saint-Joseph :

Panorama : Lourdes et ses environs, la 17e apparition, miracle du cierge (prix d'entrée : 1 franc). C'est l'œuvre de M. Carrier-Belleuse.

Cette apparition est une des plns importantes après celle où la sainte Vierge s'est nommée « l'Immaculée Conception ». Bernadette en extase a laissé glisser le cierge qu'elle tenait à la main, et pendant plusieurs minutes, la flamme est passée entre ses doigts sans les brûler. Cette apparition est constatée par le docteur Dozous et a eu lieu en présence de plusieurs notabilités de la ville. Voici sur le premier plan, sur le rocher, les silhouettes de MM. Dutour, procureur impérial ; Jacomet, commissaire ; au-dessous et à droite de Bernadette, M. Dozous, la montre à la main ; MM. Lacadé, maire ; Estrade, employé des contributions ; du même côté en un autre groupe, le vieux Bourriette raconte sa guérison miraculeuse. A remarquer sur la base du château et au levant, une cheminée qui fume : c'est celle de la maison de Bernadette.

Le Panorama de Jérusalem a son entrée sur le plateau de la Merlasse, à la croisée des chemins conduisant à la grotte et à la Basilique. Prix : 1 fr. par personne.

Hospice des Sept-Douleurs où sont reçus les malades du pèlerinage. On franchit le pont de la Chaussée, à gauche le couvent des Clarisses. Plus haut à droite, le

Diorama (0 fr. 50 c.) — Apparition de la sainte Vierge à Bernadette. — Mort de Bernadette au couvent de Nevers. Œuvre de M. Franck Vinck, peintre belge.

Eglise paroissiale commencée par Mgr Peyramale. 14 colonnes de marbre sarrancolin. — La crypte renferme les restes de Mgr Peyramale, curé de Lourdes au temps des Apparitions. Les pèlerins aiment à aller faire une prière sur la tombe de ce vénérable Curé.

Nous avons déjà indiqué la **maison de Bernadette** sur le boulevard.

Bureau des renseignements. — A gauche, près de la basilique, Inscription dans l'Archiconfrérie, Intentions de Messes, Abonnement aux Annales et au *Journal de Lourdes*. On y dépose et on y réclame les objets égarés.

Poste et Télégraphe. — Non loin de l'église paroissiale (vieille ville). Bureau ouvert de sept heures du matin à neuf heures du soir.

Pendant les pèlerinages plus nombreux, un bureau télégraphique supplémentaire est ouvert place de la Merlasse, à l'angle formé par le croisement des deux routes de la Grotte.

Boîte aux lettres : au bureau de renseignements, près de la basilique ; à l'hôtel du boulevard ; à l'ancien tribunal, rue du Tribunal ; rue Laffite, 9 ; rue des Granges, 2 ; rue de la Grotte, 47 ; Hôtel de Notre-Dame, avenue de la Grotte.

Tramways. — Il y a deux trajets principaux : 1º de la gare à la Basilique par le *boulevard* (0 fr. 15) ; 2º de la gare à la Basilique par la chaussée Maransin, la place *Marcadal* et la rue de la Grotte (0 fr. 15). Quand on rentre en ville, pour éviter une fausse direction, il est bon de ne pas demander si le tramway va à la gare puisque les deux s'y rendent également, mais de s'assurer, suivant le domicile, s'il passe par le boulevard ou par la place Marcadal.

BETHARRAM

Bétharram est à 15 kil. de Lourdes ; trajet en chemin de fer 25 minutes. (Prix aller et retour, 2 fr.). La ligne longe le Gave dans une vallée pittoresque. On descend à la gare de Montaut. L'église du Pèlerinage est à environ 800 mètres. Pont d'une seule arche sur le Gave (1687 mètres) avec de gracieux festons de lierre. — Collège et petit séminaire. Maison-mère des RR. PP. du Sacré-Cœur. **Eglise** de Notre-Dame de Betharram (1690). Madone miraculeuse au-dessus du maître-autel. Eglise Renaissance avec profusion de peintures et dorures.

Calvaire dans la montagne, dont les stations sont autant de gracieux édifices, bâtis au XVIIIe siècle, en style pseudo-roman avec de grands bas-reliefs de Lenoir (1840). Au sommet de la montagne du calvaire, chapelle de la Résurrection où est enterré le P. Garicoïts, fondateur de l'Institut des RR. PP. Missionnaires, prêtre mort en odeur de sainteté, dont la cause de béatification est en instance à Rome. Le vénéré P. Garicoïts eut beaucoup de rapports avec la vénérable Elisabeth Bichier des Ages, fondatrice des Sœurs de la Croix de la Buye. Les filles de la Croix, très nombreuses dans le diocèse de Bayonne, ont un important noviciat à Igon, à quelques kilomètres de Bétharram.

Au retour du Chemin de Croix, visiter à l'église, dans la sacristie :

Le Trésor. — On y conserve le voile de Première Communion de Marie-Antoinette, l'écharpe et la robe de mariage de la comtesse de Chambord, une vierge byzantine apportée de Crimée, divers pieux souvenirs.

Origine du Pèlerinage. — Des bergers occupés à garder leurs troupeaux aperçurent un jour une lumière extraordinaire qui sortait d'un buisson situé sur la pente d'un rocher. C'était à l'endroit même où se dresse aujourd'hui l'autel principal de l'église. Ils approchèrent et découvrirent au milieu du buisson qui semblait brûler sans se consumer une fort belle image de la sainte Vierge portant l'enfant Jésus dans ses bras. Placée d'abord dans une niche sur les bords du Gave, puis dans l'église paroissiale, la statue fut chaque fois retrouvée miraculeusement rapportée au lieu où elle avait été découverte. On comprit qu'il fallait lui bâtir là même une chapelle. L'édifice porta sans doute d'abord le nom de Notre-Dame de l'Estelle ou de l'Etoile, — Un autre prodige lui fit donner le nom de Notre-Dame de Bétharram ou *Beau Rameau.*

« Une jeune fille, en cueillant des fleurs, tomba dans le Gave ; entraînée par les eaux, elle allait périr lorsqu'elle invoqua la Madone de l'Estelle, qui lui tendit aussitôt une branche pour l'aider à regagner la rive ». Dans sa reconnaissance, la jeune miraculée offrit à sa libératrice un beau rameau aux feuilles d'or, De là. Notre-Dame du Beau Rameau, ou de Beth-Arram, comme on dit dans l'idiome du pays de Béarn.

La nouvelle église était à peine reconstruite que le ciel voulut l'inaugurer et la consacrer par des prodiges presque quotidiens.

L'archevêque d'Auch, Léonard de Trappes, étant venu la visiter en 1616, fut inspiré de prendre possession de la montagne qui la domine, et il planta à cette fin en grande pompe, une énorme croix de bois au sommet. Or, deux mois après, il plut au Seigneur de glorifier ce signe de notre salut par un évènement prodigieux dans le mois de septembre de la même année 1616. Cinq villagois de Montault, bourgade située vis-à-vis, entendent tout à coup comme un bruit de tempête du côté de Betharram. Ils regardent. O douleur ! Ils voient tomber sous l'effort du vent impétueux, la croix récemment plantée par l'Archevêque d'Auch. Mais bientôt le tourbillon cesse. Alors, la croix se relève d'elle-même, une éclatante lumière l'environne, et, à son faîte, se dessine une couronne resplendissante.

Le miracle fit grand bruit aussitôt en Béarn. Les Huguenots eux-mêmes n'osèrent le révoquer en doute ; il fut constaté juridiquement, cinq ans plus tard, par les délégués de l'évêque.

Ce miracle fut comme le signal de l'édit rendu neuf mois après par Louis XIII, pour l'entier rétablissement du culte catholique en Béarn. Il fit naître en même temps la pensée d'un Calvaire.

La chapelle fut détruite par les Huguenots en 1569 ; des miracles s'accomplirent sur ces ruines ; les pèlerinages s'y succédèrent.

L'église fut relevée en 1614.

Le Calvaire fut reconstruit au XVIIIe siècle.

HISTORIQUE
de
NOTRE-DAME DE LOURDES
à travers le demi-siècle

Dates et faits mémorables de l'Histoire de la Grotte

1858. — 11 février. — 1re Apparition à Bernadette Soubirous, dans la Grotte de Massabielle, de Celle qui bientôt dira son nom.

» 14 février. — 2e Apparition. — Dimanche de la Quinquagésime.

» 18 février. — 3e Apparition. — « Faites-moi le plaisir de venir ici quinze jours... Je désire voir ici beaucoup de monde » dit la Dame à l'enfant.

» 19 février. — 4e Apparition. — Plus de cent personnes et les parents de Bernadette l'ont suivie.

» 20 février. — 5e Apparition. — 500 personnes sont témoins.

» 21 février. — 6e Apparition. — « Il faut prier pour les pécheurs », dit l'Apparition.

« 23 février. — 7e Apparition. — L'enfant entend : « Allez dire aux prêtres que je veux qu'on élève ici un sanctuaire et qu'on doit y venir en foule. »

» 24 février. — 8e Apparition. — « Vous baiserez la terre pour la conversion des pécheurs. » Et l'enfant répète trois fois après la Dame : « Pénitence ! pénitence ! pénitence ! »

» 25 février. — 9e Apparition. — C'est le jour où jaillit la *Source miraculeuse*. « Allez boire et vous laver è la source et mangez de l'herbe qui est là », avait dit la

Dame ; dès le lendemain avait lieu la première guérison merveilleuse, celle du carrier Bouriette dont l'œil était malade depuis vingt ans.

»   27 et 28 février. — 10e et 11e Apparitions.

»   1er, à et 3 mars. — 12e, 13e et 14e Apparitions.

»   4 mars. — 15e Apparition. — La Dame de nouveau réclame un sanctuaire et des processions. Plus de 20.000 personnes sont là répandues sur la rive du Gave.

»   26 mars. — 16e Apparition. — Aux supplications de Bernadette qui lui demande son nom, la Dame enfin répond : « *Je suis l'Immaculée Conception* ».

»   7 avril. — 17e Apparition. — Ce jour-là, la voyante a la main en contact, pendant un quart d'heure, avec la flamme d'un cierge et elle n'en ressent point la plus légère douleur. Le panorama de Lourdes rappelle ce fait étrange. — Ce jour-là même, le Maire adresse au Préfet le dénombrement de ceux qui sont accourus les 5 et 6 avril, près de Bernadette. On en compte 9.060, dont 4.822 de Lourdes et 4.238 étrangers.

»   3 juin. — Jour de la Fête-Dieu. Bernadette fait sa première communion à l'hospice communal où elle suivait les catéchismes.

»   16 juillet. — 18e et dernière Apparition, au soir de la fête Notre-Dame du Mont-Carmel ; la foule se tient dans la prairie en face des roches Massabielle fermées et gardées.

»   28 juillet. — Mgr Laurence, évêque de Tarbes, nomme une commission d'enquête.

1860.   Bernadette est reçue chez les Sœurs de la Charité de Nevers qui desservent l'hospice de Lourdes.

1862. — 18 janvier. — Mandement de l'Evêque de Tarbes déclarant réels les évènements de la Grotte et annonçant la construction du sanctuaire demandé par la Sainte Vierge.

» Octobre. — Commencement des travaux du sanctuaire.

1863. — 23 mai. — Premier pèlerinage organisé.

1864. — 4 août. — Bénédiction de la statue dans la Grotte de l'Apparition. Elle est en marbre de Carare et a coûté sept mille francs.

1866. — 20 mai. — Les missionnaires de Garaison viennent desservir le sanctuaire. Le P. Sempé est le premier Supérieur.

» 21 mai. — Première messe dans la Crypte bénite le 19 mai.

» Juin. — Bernadette obtient de Mgr Forcade, évêque de Nevers, son entrée chez les Sœurs de la Charité de Nevers : elle y fera profession le 30 octobre 1867 sous le nom de Sœur Marie-Bernard.

» 8 décembre. — Mort de la mère de Bernadette.

1867. — Décembre. — H. Lasserre commence à faire paraître par fragments successifs, dans la *Revue du Monde Catholique*, son travail sur Notre-Dame de Lourdes.

1869. — 4 septembre. — Bref élogieux de Pie IX à Henri Lasserre, l'historien de Notre-Dame de Lourdes à l'occasion de la première édition de l'ouvrage parue en mai de cette année (1).

1870. — 30 janvier. — Mort, à Rome, de Mgr Laurence, évêque de Tarbes, qui s'était rendu au Concile du Vatican.

1871. — 4 mars. — Mort du père de Bernadette.

» 15 août. — Bénédiction de l'église demandée par l'Apparition.

1872. Premières dispositions en vue d'une église poroissiale nouvelle.

» 19 août. — Premier pèlerinage national.

» 6 octobre. — Véritable inauguration des pèle-

(1) Les ouvrages d'Henri Lasserre sur Lourdes seront répandus dans les deux mondes, au chiffre d'environ 550.000 exemplaires ; ils seront traduits dans 74 langues ou dialectes dont la famille de l'illustre historien possède un exemplaire.

rinages nationaux. 60.000 pèlerins. — 252 bannières sont apportées pour être suspendues à la voûte de la Basilique.

1873. — 7 septembre. — Bénédiction de l'orgue de la Basilique.

» 4 octobre. — Inauguration de la chaire offerte par Marseille.

» 6 novembre. — Mgr Langénieux succédant à Mgr Pichenot arrive à Lourdes. Dans cette année, Lourdes voit dans ses murs 250.000 pèlerins de 50 diocèses et 31 évêques.

1874. — 3 mars. — Mgr Peyramale est nommé protonotaire apostolique.

» 13 mars. — Le sanctuaire devient Basilique mineure à la demande de Mgr Langénieux.

» 16 août. — Bénédiction des cloches de la Basilique.

1875. — 1er février. — Mgr Langénieux, archevêque élu de Reims, présente à Pie IX les dessins du Rosaire de Lourdes.

» 28 juillet. — Bénédiction de la première pierre de la nouvelle église paroissiale par Mgr Jourdan.

1876. — 1er février. — Bref de Pie IX ordonnant le couronnement de Notre-Dame de Lourdes.

» 11 mai. — Pie IX désigne Mgr Guilbert pour consacrer la Basilique.

» 1er, 2 et 3 juillet. — Fêtes mémorables de la consécration de la Basilique et couronnement des statues en présence du Nonce apostolique et de 11 archevêques, 22 évêques, 3.000 prêtres et 100.000 pèlerins.

1877. — 24 mai. — Mgr Jourdan fonde une messe à perpétuité pour les bienfaiteurs.

» 8 septembre. — Mort de Mgr Peyramale. — M. Dominique-Marie Peyramale était né le 9 février 1811 et curé de Lourdes depuis décembre 1854.

1878. — 9 décembre. — Le Pape invite l'évêque de

Tarbes à élever un monument mémorable à Notre-Dame de Lourdes.

1879. — 16 avril. — Mercredi de Pâques. — Mort de Bernadette ; elle était née le 7 janvier 1844, — arrivée le 8 juillet 1866 au couvent de Saint-Gildard à Nevers, elle avait prononcé ses vœux perpétuels le 22 septembre 1878. *Le* 19 avril, eurent lieu les obsèques présidées par Mgr Lelong, évèque de Nevers. Le 23, à la Basilique, et un des jours suivants, à l'église paroissiale de Lourdes, des services furent célébrés.

1883.   Jubilé ou noces d'argent à Notre-Dame de Lourdes.

»   16 juillet. — Pose de la première pierre de l'église du Rosaire.

1885. — 22 juillet. — Bénédiction de trois nouvelles cloches (en tout sept) et de l'horloge monumentale de la Basilique.

»   21 août. — Plantation de la Croix de Jérusalem.

1888. — 22 août. — Inauguration de la procession du Saint-Sacrement dans les rangs des malades ; guérisons extraordinaires.

1889. — 6 et 7 août. — Consécration et inauguration de l'église du Rosaire.

»   1er septembre. — Mort du P. Sempé, premier supérieur des Missionnaires.

1890. — 16 juillet. — Décret sur l'office propre de la fête de l'Apparition.

1892. — 13 octobre. — Mort de Marie Soubirous qui accompagnait sa sœur à la première Apparition.

1897.   Célébration du Jubilé des pèlerinages nationaux (1872-1897).

»   30 mai. — Inauguration des orgues du Rosaire.

»   Août. — Pèlerinage des miraculés au nombre de 532.

1898. — 27 avril. — Le Conseil municipal de Lourdes vote l'achèvement de l'église paroissiale commencée par Mgr Peyramale.

1899. — 18 21 avril. — Premier pèlerinage national d'*hommes*. Plus de 70.000 hommes, 47 archevêques et évêques, 6.000 prêtres.

» 7-11 août. — Congrès Eucharistique à Lourdes présidé par Mgr Langénieux comme légat de Léon XIII.

» 29 août. — Mort, à Lourdes, de Mgr Billère, évêque de Tarbes (1882-1899).

1900. Après interruption, reprise des travaux de la nouvelle église.

» 22 février. — Sacre de Mgr Schœpfer, évêque de Tarbes.

» 22 juillet. — Mort de Paul-Joseph-Henri Lasserre de Monzie, à 72 ans.

» 13 septembre. — Bénédiction d'un premier calvaire breton : ex-voto de la Bretagne catholique.

1901. — 22-27 avril. — Deuxième pèlerinage national d'*hommes*. 80.000 hommes

» 9 aout. — Erection définitive du Calvaire monumental. Croix des Bretons.

» 5 octobre. — Bénédiction de la première station du Chemin de Croix monumental de la montagne du Calvaire par le cardinal Goossens, de Malines.

» 6 octobre. — Consécration solennelle de l'église du Rosaire, par le cardinal Langénieux ; 30 archevêques et évêques.

1903. — 29 avril-2 mai. — Troisième pèlerinage national d'*hommes*.

» 2 septembre. — Le pèlerinage de Beauvais offre le nouveau calvaire sur la montagne.

» 7 septembre. — Dernières messes dans la vieille église paroissiale.

» 8 septembre. — Bénédiction de la nouvelle église par Mgr Schœpfer.

» Les Missionnaires de Garaison sont expulsés du sanctuaire ; ils sont remplacés par des prêtres du diocèse dont

	M. le chanoine Ozon est supérieur.
1904.	Année mariale. Fêtes universelles. Pèlerinages considérables. Dans le mois d'août, on distribue à Lourdes 140.000 communions. 17.000 messes y sont dites.
»	Août. — Pèlerinage du Nord, 2.000 Enfants de Marie se proposent de remplacer les religieuses expulsées, pour instruire et catéchiser les enfants du peuple.
1905.	— 1er janvier. — Mort du cardinal Langénieux.
»	8-2 mai. — Quatrième pèlerinage national d'hommes.
1906.	— 8 septembre. — Noces d'argent du pèlerinage rémois à Lourdes. Messe pontificale à la Grotte célébrée par Son Exc. Mgr Luçon, Archevêque de Reims.
1907.	— Février. — Précieuses faveurs spirituelles accordées par le Saint-Père aux prêtres et aux fidèles qui le 11 de chaque mois, se préparent au cinquantenaire des Apparitions.
	Les chapelets des pèlerins de Lourdes sont désormais enrichis des indulgences des Pères Croisiers. Ces indulgences peuvent se gagner en même temps que celles du Rosaire, pourvu que les chapelets aient reçu l'une et l'autre bénédiction.
»	Août. — Lettre adressée par Mgr l'Evêque de Tarbes aux évêques de tout l'univers pour leur demander de vouloir bien bien célébrer le cinquantième anniversaire de l'Apparition.
»	Décembre. — La fête et l'office de l'Apparition de Notre-Dame de Lourdes sont étendus à l'Eglise universelle...
»	Faveur du Jubilé accordée aux pèlerins de Lourdes pendant l'année du cinquantenaire.
»	Conditions pour la gagner : confession et communion, même en dehors des

sanctuaires ; visite et prière à la grotte de Massabielle.

1908. — Janvier. — S. E. le Cardinal Lecot, archevêque de Bordeaux, est désigné par le Saint-Père pour le représenter en qualité de Légat au premier triduum des Apparitions.

»   L'invocation : Notre-Dame de Lourdes, priez pour nous, est enrichie de 300 jours d'indulgences à gagner *toties quoties.*

»   Indulgence plénière à ceux qui visiteront la grotte et y prieront.

»   9, 10 et 11 février. — Premier Triduum du Jubilé sous la présidence de S. E. le Cardinal Légat, en présence de 11 évêques et d'une foule très nombreuse de pèlerins. Illuminations des sanctuaires, du château, de la ville et des montagnes.

»   Mars. — Second Triduum solennel en mémoire de la 16e Apparition où la Sainte Vierge, le jour de la fête de l'Annonciation, annonce qu'elle est : « l'Immaculée-Conception.

»   16 juillet. — Troisième triduum solennel en mémoire de la 18e et dernière Apparition. Il est présidé par S. E. Mgr le Cardinal Andrieu, évêque de Marseille. Par privilège spécial de Sa Sainteté Pie X, à l'heure même où eut lieu cette Apparition, à 6 heures du soir, la Messe pontificale est célébrée à la Grotte par S. Ex. Mgr Grarselli, archevêque-évêque de Viterbe.

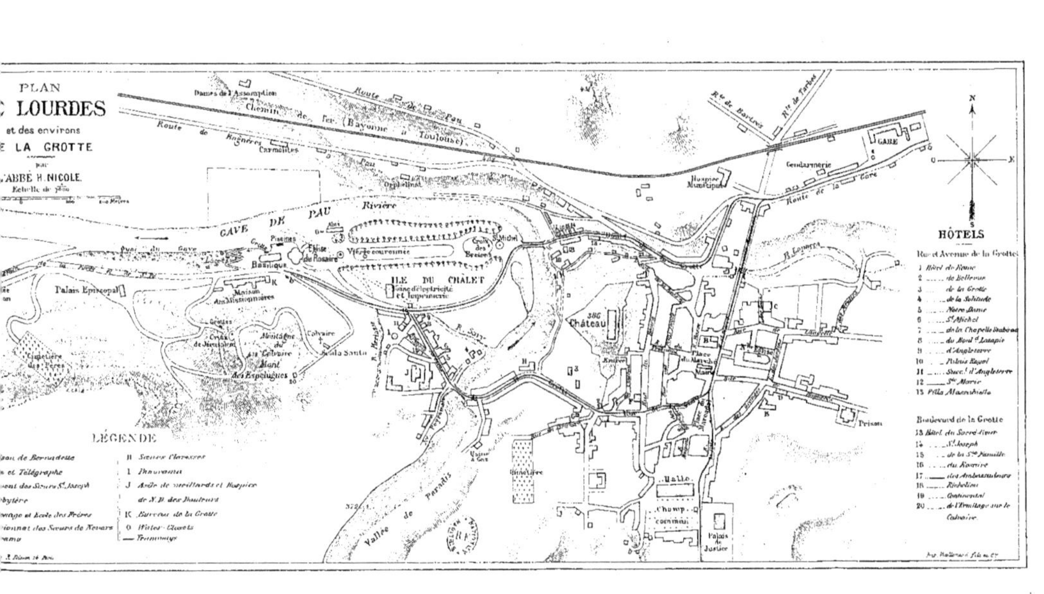

PLAN
DE LOURDES
et des environs
DE LA GROTTE
par
L'ABBÉ H. NICOLE.
Échelle de 3000
HÔTELS
Rue et Avenue de la Grotte
1 Hôtel de Rome
2 — de Bellevue
3 — de la Grotte
4 — de la Solitude
5 — Notre Dame
6 — St Michel
7 — de la Chapelle Soubirous
8 — du Nord et Lassaie
9 — d'Angleterre
10 — Palais Royal
11 — Succl d'Angleterre
12 — Ste Marie
13 Villa Massabielle
Boulevard de la Grotte
14 Hôtel du Sacré-Cœur
15 — St Joseph
16 — de la Ste Famille
17 — du Rosaire
18 — des Ambassadeurs
19 — Richelieu
20 — Continental
21 — de l'Ermitage sur le Calvaire
LÉGENDE
GAVE DE PAU
Rivière
ILE DU CHÂLET
Château
Chemin de Fer (Bayonne à Toulouse)
Route de Pau
Gare
Gendarmerie
Hospice Municipal
Palais Episcopal
Basilique
Eglise du Rosaire
Piscines
Grotte
Montagne du Calvaire
Scala Santa
Mont des Espélugues
Cimetière des Lépreux
Vallée du Paradis
Palais de Justice

TABLE DES MATIÈRES

QUATRIÈME PARTIE

CANTIQUES

PSAUMES, HYMNES, MOTETS